GESTÃO DO VALOR DA MARCA

BRAND VALUE MANAGEMENT

EDUARDO TOMIYA

GESTÃO DO VALOR DA MARCA

BRAND VALUE MANAGEMENT

COMO CRIAR E GERENCIAR MARCAS VALIOSAS

2ª edição revista e atualizada

Editora Senac Rio de Janeiro – Rio de Janeiro – 2013

Gestão do valor da marca: como criar e gerenciar marcas valiosas © Eduardo Tomiya, 2010.

Direitos desta edição reservados ao Serviço Nacional de Aprendizagem Comercial – Administração Regional do Rio de Janeiro.

Vedada, nos termos da lei, a reprodução total ou parcial deste livro.

SISTEMA FECOMÉRCIO-RJ
SENAC RIO DE JANEIRO

Presidente do Conselho Regional
Orlando Diniz

Diretor-Geral do Senac Rio de Janeiro
Julio Pedro

Conselho Editorial
Julio Pedro, Eduardo Diniz, Vania Carvalho, Marcelo Loureiro, Wilma Freitas,
Manuel Vieira e Elvira Cardoso

Editora Senac Rio de Janeiro
Rua Marquês de Abrantes, 99/2º andar – Flamengo – Rio de Janeiro
CEP: 22230-060 – RJ
comercial.editora@rj.senac.br
editora@rj.senac.br
www.rj.senac.br/editora

Publisher
Manuel Vieira

Editora
Elvira Cardoso

Produção editorial
Karine Fajardo (coordenadora), Camila Simas,
Cláudia Amorim e Roberta Santiago (assistentes)

Revisão
Shirley Lima

Foto do autor
Adriana Elias

2ª reimpressão da 2ª edição revista e atualizada:
fevereiro de 2013

Impressão
Didática Editora do Brasil Ltda.

CIP-BRASIL. CATALOGAÇÃO-NA-FONTE
SINDICATO NACIONAL DOS EDITORES DE LIVROS, RJ

T618g
2.ed.

Tomiya, Eduardo
  Gestão do valor da marca : como criar e gerenciar marcas valiosas / Eduardo Tomiya. – 2.ed., rev. e atualizada.
– Rio de Janeiro : Ed. Senac Rio de Janeiro, 2013.
  144p. : il.
16cm x 23cm

  Livro publicado anteriormente com o título Brand Value Management
  Inclui bibliografia
  ISBN 978-85-7756-072-1

  1. Branding (Marketing). 2. Marcas de produtos – Administração. I. Título.

10-4174.

CDD: 658.827
CDU: 658.827

A minha família maravilhosa:
minha esposa, Léo, e meu filho, Dudu.

A meu pai (in memoriam), *minha mãe e*
meus irmãos: Alberto, Cristina e Carlos.

"Quem se sente fascinado pelo mar acaba por descobrir as maneiras de construir barcos e de navegar. Se o mar não me fascina, se ele me dá medo, por que razão haveria de querer aprender a arte de construir barcos e de navegar? É o fascínio que acorda a Inteligência. O conhecimento surge sempre no desafio do desconhecido. Essa frase deveria estar escrita em algum livro de psicologia de aprendizagem. Pena que eles digam muito sobre a ciência de construir navios e nada sobre o fascínio de navegar..."

Texto do professor Rubem Alves, na obra *O melhor de Rubem Alves*, pelo professor Samuel Ramos Lago.

Sumário

Prefácio	11
Agradecimentos	15
Introdução	17
Capítulo 1 – O que é branding?	**23**
1.1 Importância das marcas	23
1.2 O que é marca?	25
1.3 Branding e o valor dos acionistas	33
1.4 O tema branding nas organizações	36
1.5 Uma possível abordagem para o Processo de Gestão do Valor da Marca	41
Capítulo 2 – Identidade da marca	**45**
2.1 O que é identidade da marca?	45
2.2 Diferença entre identidade e imagem	47
2.3 Ativos intangíveis: geração e extração de valor	48
2.4 Prisma de identidade da marca	52
2.5 Principais riscos ao não se revelar a identidade da marca	54
2.5.1 Mimetismo	54
2.5.2 Oportunismo	55
2.5.3 Idealismo	56
Capítulo 3 – Posicionamento da marca	**59**
3.1 O que é posicionamento da marca?	59
3.2 Como articular o posicionamento da marca?	64
3.2.1 Estratégia de negócio	65
3.2.2 Diferenciais competitivos	66
3.2.3 Necessidade dos públicos estratégicos	68
3.3 Matriz de atributos: uma ferramenta para se implementar a estratégia de marcas	68
3.4 Um pouco sobre desafio de marcas em um ambiente global: o Glocal (Think Global, Act Local)	70
Capítulo 4 – Revolução do valor da marca	**73**
4.1 Revolução do valor da marca ontem: quanto vale?	73
4.2 Revolução do valor da marca hoje: o que se mede se gerencia!	74
4.3 Revolução do valor da marca amanhã: o que se gerencia se capitaliza!	75
4.4 Aplicações de valor da marca	76
Capítulo 5 – Valor da marca sob a ótica financeira	**83**

Capítulo 6 – Metodologia de avaliação de marcas ... 89

6.1 Cadeia de valor da marca ... 89

6.2 Força da marca – Brand equity ... 90

6.3 Alavancas de valor da marca ... 96

   6.3.1 Premium price aceitável ... 96

   6.3.2 Estabilidade de demanda ... 100

   6.3.3 Custos mais competitivos ... 101

   6.3.4 Mensurando as alavancas de valor ... 102

6.4 Métodos de cálculo de valor da marca ... 102

   6.4.1 Custo incorrido ... 104

   6.4.2 Uso econômico ... 104

   6.4.3 Premium price ... 106

   6.4.4 Royalties ... 108

   6.4.5 Múltiplo de mercado ... 109

Capítulo 7 – Exemplo numérico de como avaliar a marca ... 111

7.1 Pesquisa de mercado ... 111

   7.1.1 Relevância da categoria ... 111

   7.1.2 Diferenciais percebidos ... 113

   7.1.3 Processo de decisão ... 115

7.2 Contribuição da marca ... 116

7.3 Quantificando as alavancas de valor e o valor da marca ... 117

7.4 Qual seria o royalty justo de determinada marca? ... 118

7.5 Limitações do exercício ... 118

Capítulo 8 – Ranking das marcas brasileiras mais valiosas em 2009 ... 119

8.1 Introdução ... 119

8.2 Etapa 1 – Força da marca ... 120

8.3 Etapa 2 – Ranking das marcas brasileiras mais valiosas ... 122

8.4 Etapa 3 – Lucros da marca ... 123

   8.4.1 Análise financeira ... 123

   8.4.2 Contribuição da marca – Consumidor final ... 123

   8.4.3 Contribuição da marca – Investidor: segmento de petróleo ... 125

8.5 Etapa 4 – Ranking das marcas brasileiras mais valiosas ... 126

Reflexões e conclusão ... 129

Notas ... 137

Bibliografia ... 141

Prefácio

A busca pela mensuração dos ativos intangíveis tornou-se o Santo Graal da gestão de negócios deste início de século. É fácil entender isso, pois o valor das empresas migrou dos ativos tangíveis para os intangíveis. Antes era preciso muito investimento em capital fixo para construção de plantas industriais, estabelecimento de redes de varejo, aquisição de maquinário para a produção agrícola, entre outros. Hoje, não é que esses investimentos não sejam necessários, mas eles não são tão fundamentais quanto eram. Outros ativos que, no passado, não eram tão relevantes tornaram-se fundamentais para o sucesso empresarial.

Esses ativos são as marcas, as pessoas, o capital intelectual, as patentes e os modelos de gestão, apenas para citar alguns. Agora, para muitas empresas, o valor de seus ativos intangíveis representa mais de 90% do valor do negócio e, como estes se tornam a cada dia mais importantes, é vital que sejam mensurados para que possam ser gerenciados. Para isso, é necessário entender como se comportam e como geram valor para os negócios.

É importante salientar que uma característica específica desses ativos é que eles interagem, reforçando-se mutuamente. Por exemplo: uma boa capacitação profissional pode gerar profissionais mais competentes (capital intelectual), que, por sua vez, podem gerar processos mais efetivos (modelos de gestão), que podem gerar percepções mais positivas em relação à marca e que, por fim, acabam por gerar mais valor para os negócios. Essa interação entre os ativos intangíveis torna difícil a mensuração de cada um deles.

Contudo, chamo a atenção para um desses ativos em particular: a marca (entenda-se como marca não apenas sua representação visual, mas também a imagem e a reputação da empresa à qual pertence). Ela é impactada por todos os ativos intangíveis, pois é construída por meio de todos os processos de uma empresa, mesmo que em graus diferentes. Desse modo, a marca de uma empresa carrega dentro de si o valor de outros intangíveis dessa mesma empresa. Por meio dela, é possível mensurar, de alguma forma, o valor dos demais intangíveis, pois ela está presente na relação de valor entre vendedor e comprador. A marca acaba sendo um "recipiente" de intangíveis, representando aqueles que estão ocultos em uma relação comercial.

Apesar de a relação entre marca e consumidor ser a mais relevante, não podemos esquecer os demais públicos estratégicos de uma empresa. Em alguns casos, em que a relação marca-consumidor não é tão importante, seja por ausência de concorrência, seja por indiferenciação de produto, outras relações podem se tornar mais relevantes. Elas podem ocorrer entre a marca e investidores, empregados, opinião pública, fornecedores etc. Da mesma forma como ocorre entre marca e demais ativos intangíveis, também existe interação entre os esforços de marca para consumidores e para os demais públicos estratégicos. Estes se reforçam mutuamente, o que dificulta a mensuração de um valor de marca total para uma empresa. No entanto, isso não invalida a existência de uma mensuração individual do valor da marca para cada um desses públicos, possibilitando sua gestão efetiva. A metodologia apresentada neste livro permite a mensuração do valor da marca para consumidores, podendo ser estendida a outros públicos.

A gestão efetiva de marca começa com uma análise de seu valor e de como ele é criado e percebido pelas partes interessadas. O que Eduardo Tomiya propõe nesta obra é justamente mostrar como avaliar financeiramente determinada marca e perceber quais são as atividades que geram valor para ela. A partir de então, é possível definir estratégias de *branding* que aumentem o valor da marca e da empresa.

A experiência de Tomiya em consultoria (Trevisan, Interbrand e BrandAnalytics), aliada a sua experiência em diversos cursos de MBA, traz para *Gestão do valor da marca: como criar e gerenciar marcas valiosas* o que as empresas estão fazendo em termos de gestão de marcas e o que os acadêmicos pensam a respeito.

Conheci Eduardo Tomiya em 2002, em um dos projetos de desenvolvimento de marca para os postos Petrobras no exterior. Naquela época, quando ele trabalhava na Interbrand, conhecemos a metodologia para *brand valuation*, que, para nós, era uma novidade. Em 2003, tivemos a oportunidade de utilizar a ferramenta de *brand valuation* em uma definição estratégica para o negócio de lubrificantes na Bolívia.

Esse era apenas o começo de um aprendizado que perdura. Já realizamos a avaliação de diversos segmentos de negócio, e a discussão ocorrida durante esses projetos certamente levou ao aperfeiçoamento da própria metodologia inicial. A experiência de Tomiya em *brand valuation* é indiscutível. Agora, após a difusão desse método no Brasil, ele começa a enveredar por outros ramos de branding, tendo sempre uma análise quantitativa como suporte. Neste livro, você irá perceber essa mudança, aprendendo os conceitos, as questões de posicionamento e identidade, culminando com a avaliação financeira, tendo sempre o valor da marca como pilar do aprendizado.

Boa leitura!

Ricardo Whately
Executivo sênior da Petrobras

Agradecimentos

Gostaria de agradecer a algumas pessoas que foram muito importantes para a realização deste livro:

Meus sócios na BABrandAnalytics: André Galiano, Jaime Martin, Renato Rocha, Roberto de Napoli e Tatiana Lindenberg, que acreditaram na empresa e que, nesses quatro anos, têm sido magníficos companheiros. Agradeço também a alguns sócios que deixaram a empresa, como Cristina Sayão Fetue e Rômulo Pinheiro, que muito nos auxiliaram na realização desta obra. Não poderia deixar de agradecer também aos colaboradores da BABrandAnalytics: André Ximenez, Alexandre Sabbag, Flavia Gonsales, Guilherme Almeida, Rogério Fogazza e Victor Mello.

Agradeço à pessoa que acreditou desde o primeiro instante nesta obra: o professor Antonio Jesus Cosenza, da Fundação Getulio Vargas – São Paulo, meu primeiro incentivador a lecionar no Master of Business Administration (MBA) da Fundação. Seu espírito de unir a academia às empresas, por meio de eventos e cursos de MBA, também foi de suma importância.

Aos professores Israel Brustein *(in memoriam)*, José Roberto Securatto, Pedro Bueno, Abraham Yu, da USP – Universidade de São Paulo (EPUSP – Escola Politécnica da Universidade de São Paulo e FEA/USP – Faculdade de Economia, Administração e Contabilidade da Universidade de São Paulo), que foram inspiração para minha vida acadêmica, meu muito obrigado.

Sou grato aos profissionais da *IstoÉ Dinheiro*: Luis Fernando Sá, Joaquim Castanheira e Carlos Sambrana, e aos professores Silvio Passarelli e Sonia Helena, da Fundação Armando Álvares Penteado (FAAP), que, no renomado MBA de Gestão do Luxo, sempre me apoiaram muito.

Agradeço aos profissionais da Millward Brown: Eilleen Campbell, Fabian Hernandez, Valkiria Garre, Jorge Aragon, Felipe Ramirez, Aurora Yasuda, Silvia Quintanilha, Peter Waishe, entre outros e aos profissionais de mercado que me auxiliaram: Aida Singer, Alfredo Alves de Lima, Andre Oda, Antonio Roberto de Oliveira, Audrei Franco, Carlos Aníbal Junior, Carlos Ferreirinha, Carmen Murara, Cesar Aymoré, Claudia Cordeiro, Cristiane Duarte, Daniela Ortega, Diego Casares, Dirceu Tornavoi, Eduardo Felberg, Eduardo Kayo, Eduardo Lorenzi, Eduardo Maia, Fabio Armada, Fabio Toledo, Fernando Martins, Hector Nunez, James Bell, Joanna Seddon, Jorge Nasser, José Roberto do Rego, Luca Cavancanti, Luciano Deos, Luís Hermán Bustos, Marcos Carvalho, Milena Seabra, Nenê Guimarães, Paola Sette, Paula Nader, Paulo Roberto Esteves, Ricardo França Pinto, Ricardo Whately, Roberto Pina, Rogério Mainardes, Roman Perez Miranda, Silvana Nigri, Soraia Bonfim, Tannia Fukuda, Ulisses Zamboni, Winston Chen e a todos aqueles que, direta ou indiretamente, contribuíram para a realização desta obra.

Por fim, agradeço a meus alunos de MBA e dos cursos de mestrado, os quais me incentivaram a elaborar este livro.

Introdução

Nesses mais de quatro anos que sucederam à publicação de *Brand Value Management: da estratégia de marca ao valor do acionista* (São Paulo: BAKnowledge, 2006), lecionei a disciplina Branding em alguns dos mais respeitados cursos de MBA do Brasil.[1] Nesse período, também estruturei e liderei a BABrandAnalytics (www.brandanalytics.com.br), a qual atualmente assessora grandes empresas do Brasil no que se refere à gestão de marcas e publica, desde 2006, o ranking das marcas brasileiras mais valiosas. Essas atividades fizeram com que eu percebesse a necessidade de um livro que pudesse expressar nosso entendimento sobre um tema tão abrangente e importante para as organizações.

Existem inúmeras obras sobre branding. Basta inserir uma palavra no Google,[2] ou "*googlar*", e você verá quantos livros e matérias aparecem sobre o assunto. Para acadêmicos e profissionais da área, tal abundância de material, em muitos casos, dificulta a tarefa de estabelecer um método de ensino e aprendizado para o tema.

Como engenheiro de produção, busquei, nos referidos cursos, desenvolver um processo para estruturar esse assunto tão complexo e relevante. Desse modo, meu objetivo com esta obra não é criar uma nova abordagem, mas, sim, sintetizar e organizar algumas das teorias mais relevantes e colocá-las em ordem lógica, o que se tem mostrado eficiente nos cursos que ministro.

Recentemente, em um desses cursos, um aluno comentou que gostaria de gravar minha aula. Ele explicou que eu falava muito rápido e que seria impossível anotar todos os exemplos e estudos de caso citados. Após refletir, ficou nítida, para mim, a necessidade de compilar todo o material para esta 2ª edição revista e atualizada do livro (e também que eu deveria falar um pouco mais devagar durante as aulas). Além disso, várias pessoas solicitavam que eu escrevesse e documentasse minha abordagem.

A mensagem passada por meus alunos dos cursos de MBA, e também por meus clientes da área de marketing, era a de que existia a necessidade de uma ferramenta de gestão de marcas que utilizasse linguagem compreensível a todas as áreas de uma empresa. Essa mensagem também teria de ser capaz de apoiar um processo de posicionamento estratégico e de comunicar uma cultura empresarial, bem como conceber métricas de desempenho, além dos indicadores financeiros habituais.

Por fim, essa ferramenta de gestão deveria indicar que o papel do marketing dentro da organização deixasse de ser entendido como um centro de gastos e passasse a ter o *status* de uma unidade de negócio.

Esta obra procura satisfazer essas necessidades.

Um novo mundo para o marketing e para os CMOs (Chief Marketing Officers)

Algumas tendências estão norteando o mundo inteiro. Pesquisa realizada pela *CMO Magazine*,[3] com as maiores empresas do mundo, mostrou que:

1. Dois terços das maiores empresas destacam que o grande desafio dos CMOs é a definição de medições para o ROI (Retorno sobre o Investimento) em marketing.
2. Os CEOs (Chief Executive Officers) estão buscando melhor entendimento e mais transparência do sistema de indicadores de efetividade do programa para monitoramento dos investimentos em marketing. Em pesquisa realizada pela Spencer Stuart (uma das maiores empresas de consultoria em recursos humanos do mundo), o tempo de vida de um CMO nas 100 World Top Brands (as 100 marcas mais valiosas do mundo) é de 22,5 meses, contra os 53,8 meses dos CEOs.
3. Hoje, menos de 50% das empresas que compõem a Fortune 1000 contam com a figura do CMO, mas existe forte tendência a que esse número aumente cada vez mais.
4. A demanda por CMOs crescerá muito com qualificações analíticas (MBAs com habilidades quantitativas).

Assim, fica claro, nas organizações, que o CMO precisa se reinventar. Olhemos um pouco para o mundo dos financistas e para o que se está passando do outro lado das organizações.

Começa a era dos ativos intangíveis: os financistas buscam formas de monitoramento e gerenciamento de ativos intangíveis

No passado, principalmente na década de 1970, grande parte do valor patrimonial das organizações era chamada de "ativo tangível" (também denominado ativo físico ou valor contábil), composto por bens, máquinas, equipamentos, capital etc.

Com o tempo, isso foi se transformando. A importância dos chamados ativos intangíveis foi evidenciada, em 2001, por Baruch Lev,[4] quando o autor demonstrou o crescimento do índice Valor de Mercado/Valor Contábil (*market-to-book ratio*), um dos indicadores do nível de intangibilidade das empresas. Quanto maior esse número, maior o nível de bens que não podem ser tocados, mas que são capazes de conferir imenso valor às empresas.

O S&P 500 – índice na bolsa norte-americana que considera as 500 maiores empresas de capital aberto no mundo – fez um acompanhamento dessa evolução. Ele nos mostra que o índice médio subiu de 1, no início dos anos 1980, para 6, em março de 2001, ou seja, no início dos anos 1980, o Valor Patrimonial (ativos tangíveis/contábeis) de uma companhia equivalia ao Valor do Acionista (valor da empresa). Já em 2001, o valor de mercado era igual a seis vezes o valor patrimonial dessas mesmas empresas.

Por tudo isso, a mensuração do ativo intangível – ou *goodwill* – é um dos temas que mais intrigam os acadêmicos de todo o mundo. Todos eles buscam compreender a composição desse valor nos principais ativos intangíveis (separando marca, capital humano, distribuição, base de clientes etc.), bem como o que está por trás dele.

Segundo Kaplan e Norton,[5] "medir o valor de intangíveis de empresas é o Santo Graal da contabilidade. Em muitas empresas, o know-how de funcionários, os sistemas de informação e a cultura organizacional valem muito mais que os ativos tangíveis".

De acordo com o *The Wall Street Journal*, "o sucesso das empresas nas próximas três décadas será determinado mais pela capacidade de elas administrarem seus ativos intangíveis do que de controlarem seus ativos físicos".

Juntando os mundos do marketing e de finanças: branding analítico

Considerando que o CMO precisa de ferramentas analíticas consistentemente vinculadas à estratégia de negócios da corporação, e os CEOs e CFOs (Chief Financial Officers) estão cada vez mais envolvidos com os temas de ativos intangíveis, por que não tentar juntar os conceitos do branding com uma ferramenta de avaliação de ativos intangíveis? A conexão de ambos poderia ser a ferramenta que falta para apoiar as empresas orientadas à maximização do valor do acionista com visão de sustentabilidade de longo prazo.

Busquei inserir esse processo de branding em um modelo – que, por definição, é uma representação simplificada da realidade – e procurei estruturar este livro nesse sentido, extraindo nossas referências de grandes autores como Jean-Noël Kapferer, Nigel Hollis, Patrick Sullivan, Baruch Lev, entre outros.

Os oito capítulos a seguir foram desenvolvidos seguindo essa lógica. Assim, no Capítulo 1, **O que é branding?**, apresenta-se o conceito de branding e como sua definição é bastante ampla. Nesse capítulo, desenvolve-se uma linha de raciocínio que se inicia pela definição teórica: algumas visões sobre o tema, nosso entendimento e, por fim, como os fundos de investimento e os acionistas entendem que a marca seja um ativo valioso e uma grande oportunidade de alavancar o capital investido se for tratada com zelo e cuidado. Ainda nesse capítulo, levanta-se um processo de gestão do valor da marca holística.

O Capítulo 2, **Identidade da marca**, mostra as possíveis formas de se revelar a identidade de uma marca. Nesse capítulo, estrutura-se, com base no entendimento dos ativos intangíveis da empresa, como captar o conceito de geração de valor (percepção interna) e a extração de valor (percepção externa). O prisma revela a identidade da marca nesses dois atributos, modelando seus aspectos internos e externos, a fim de caracterizá-la. Também são apresentados alguns exemplos de falhas no processo de implementação do branding, pois, ao que parece, as empresas não respeitaram sua identidade.

Com base no diagnóstico da identidade, o Capítulo 3, **Posicionamento de marca**, aborda como posicionar a marca e como estabelecer o guia para direcionar as ações da empresa. Nesse capítulo são trazidas algumas definições úteis sobre como articular um posicionamento de marca, bem como uma ferramenta para sua implementação. Nele, também se aborda o tema que julgo relevante no contexto atual: o Glocal (Global + local), isto é, um forte desafio do qual as empresas multinacionais estão conscientes e que influencia diretamente os gestores de marcas locais.

A **revolução do valor da marca** é tratada no Capítulo 4, que traz uma análise da utilização de Valor da Marca ontem, hoje e amanhã. Nesse capítulo, são ilustradas a (r)evolução do valor da marca e as principais perspectivas de utilização da ferramenta para a perenidade das empresas. O **valor da marca sob a ótica financeira**, tema do Capítulo 5, é apresentado com uma análise sobre o registro de valor da marca em balanços patrimoniais e uma possível sugestão de relatório de capital intelectual, algo que está sendo bastante discutido como solução a esse tema.

O Capítulo 6 revela a **metodologia de avaliação de marcas**. Em primeiro lugar, apresenta-se o conceito de força de marca. Também é oferecida uma modelagem da cadeia de valor da marca, ou seja, como a percepção é avaliada desde seu *brand equity*. Com base nessa definição, as alavancas de valor de uma marca forte são explicitadas e, em seguida, ilustradas, com alguns métodos de avaliação.

Os **exemplos numéricos de como avaliar uma marca** são demonstrados no Capítulo 7 e, para tornar tangível o cálculo do valor, foram desenvolvidas, com os alunos, uma planilha de pesquisa e uma pesquisa de mercado – obviamente, apenas a título ilustrativo – referentes ao processo de decisão acerca de um posto de combustível, o que resultou em um valor fictício da marca Petrobras. Entretanto, muito mais importante do que esse número é a ilustração e a tangibilidade do método do uso econômico.

Para finalizar, o Capítulo 8 mostra o **ranking das marcas brasileiras mais valiosas em 2010** e o relato de como se alcançou o resultado apresentado.

Capítulo 1

O que é branding?

"Branding é o que dizem de você quando você não está presente."
— Jeff Bezos
Presidente da Amazon

1.1 Importância das marcas

É cada vez mais evidente a influência das marcas em nosso dia a dia. A premissa fundamental que rege seu valor é a de que vivemos sob o capitalismo – um modelo econômico que tem por base a sociedade de consumo. Desse modo, alguém pode imaginar uma sociedade de consumo sem marcas?

Vivemos a era da falta de tempo e do excesso de informações. Desde a década de 1980, o aumento da disponibilidade de tecnologias, produtos e serviços, que acarreta a demanda por habilidades e práticas, faz com que o conhecimento técnico de produtos seja quase impossível. Desafio quem seja profundo conhecedor de, por exemplo, um telefone celular ou de um aparelho de *video game*, ou até mesmo de gasolina, maionese, cervejas, todos esses produtos que hoje estão quase totalmente envolvidos em uma competição global.

Por essa razão, temos de utilizar o aval de marcas em nosso processo de compras do chamado "supermercado da vida" (que engloba praticamente todos os processos de escolha), uma vez que a atual disponibilidade de tempo é bastante reduzida em relação ao passado. Tudo isso faz com que os consumidores não se orientem mais por conhecerem características do produto, mas, sim, por se identificarem com as marcas, suas promessas e expectativas.

Nesse sentido, o papel das marcas na sociedade de consumo é conduzir um aval de qualidade ou auxiliar os consumidores nesse novo contexto. Também é indiscutível o papel que marcas mundiais e fortes tiveram no desenvolvimento de padrões de qualidade quase globais em praticamente tudo o que consumimos e escolhemos.

Vejamos alguns exemplos da importância das marcas em nossa vida:

- Quando as pessoas vão ao Walmart, acreditam que, lá, obterão uma boa relação custo-benefício. Assim, se a promessa da marca Walmart estiver alinhada à organização, isso significará que esta desempenha seu papel na sociedade, uma vez que, de alguma maneira, facilita o processo de escolha de um consumidor.
- Quando um comprador de aço escolhe uma marca como a Gerdau pelo aval de qualidade e confiança, é porque a marca Gerdau está, de fato, desempenhando o papel que dela se esperava.
- Quando um cidadão consegue voar para sua cidade natal pela Gol em poucas horas, quando, anteriormente, era necessário despender alguns dias na viagem, a marca Gol está desempenhando seu papel na sociedade.
- Quando o marido quer uma comemoração especial com sua mulher, ele compra uma bela joia na H.Stern, veste uma roupa Hugo Boss e vai jantar no D.O.M.
- Quando um cidadão que nunca teve acesso a uma conta-corrente abre uma conta em um banco como o Bradesco, essa marca cumpre com seu papel na sociedade.
- Quando um banco, como o Banco do Brasil, por meio de sua política de inclusão, provê créditos para agricultura familiar, este desempenha seu papel na sociedade.
- Quando uma marca brasileira como a Embraer consegue comercializar aviões, gerando elevado valor agregado para o Brasil, ela está desempenhando importante papel na sociedade.
- Quando uma marca coloca em prática sua responsabilidade social, como a Natura, com seus projetos de desenvolvimento sustentável, está desempenhando um papel relevante na sociedade.
- Quando uma marca como a Bovespa faz com que, por meio de um endosso de credibilidade e seriedade, os brasileiros possam investir em empresas brasileiras, tendo opções de investimento e, ao mesmo tempo, desenvolvendo a economia do país, essa marca desempenha seu papel na sociedade.

Em linha com esse raciocínio, hoje as marcas fazem parte do dia a dia e seus atributos influenciam o processo de decisão de todos os públicos estratégicos (colaboradores, sociedade, fornecedores, acionistas etc.). Em muitos casos, as marcas facilitam o processo de decisão dessas pessoas e acabam, na verdade, gerando padrões de referência de qualidade no cotidiano.

Como demonstrado, algumas marcas desempenham importante papel na sociedade, principalmente em um país como o nosso, com tão poderoso nível de desigualdades. Nesse contexto, deve-se ressaltar (e louvar) o posicionamento de algumas marcas de responsabilidade social, cujas ações derivam desse posicionamento e acabam gerando valor para toda a população.

Além do papel que representam em nossa vida, marcas com posicionamento claro, e que, justamente por isso, diferenciam-se de seus competidores, têm público estratégico e leal e acabam gerando mais valor aos acionistas.

1.2 O que é marca?

Primeiro, vejamos a origem da palavra *brand*. Datado de fins do século XVIII, o termo *brand* tem origem no escandinavo *Brandr* (= *to burn*, queimar). Marcas eram (e ainda são) a maneira de os donos de rebanho identificarem seus animais para demonstrar posse.

Existem seis definições – todas corretas – que podem nos auxiliar na melhor definição do termo.

1. Marcas fazem a diferença no processo de decisão de compra.

De acordo com a American Marketing Association, "marca é um nome, termo, sinal, símbolo ou design, ou a combinação deles, com o objetivo de identificar produtos e serviços de um vendedor ou de um grupo de vendedores, e **diferenciá--los dos concorrentes**". Já, segundo Al Ries,[1] "na perspectiva dos negócios, marca no ambiente competitivo é como marca na fazenda. Um programa de branding é utilizado para diferenciar seu gado do de outras fazendas".

De fato, sob a ótica de uma análise exclusiva do processo de decisão de escolha de compradores no supermercado da vida (em quase todos os processos de decisão de compra), a marca leva a uma imediata diferenciação nesse processo.

2. Marcas não são apenas nome, logotipo, embalagem e design.

Marcas fortes são construídas por meio de sua experiência total, ou seja, de um histórico consistente de promessa e entrega.

Segundo Holt:[2]

> Considere um produto de uma marca totalmente nova que será lançado (sem o aval/endosso de qualquer marca). Embora o produto tenha nome, logotipo, embalagem exclusiva e provavelmente design único – todos os aspectos que pensamos sobre marca –, esta ainda não existe. Nomes, logotipos, embalagens e design são o que denominamos a parte tangível da marca, porém, esta ainda não tem uma história. A marca é vazia e não existe. Ela carece de significado.

Agora pense em uma marca já estabelecida. Pense, por exemplo, em um nome (McDonald's, IBM, Brahma), um logotipo (Nike), um design único (iPod). A questão nesses casos é a entrega da promessa da marca ou a experiência.

Em uma adaptação de Arnold:[3]

Peça aos consumidores para descreverem um produto de uma marca e, muito provavelmente, eles não irão descrever os termos, símbolos ou designs da marca. Eles irão responder com adjetivos que descrevem as qualidades das marcas. Marcas são reconhecidas e entendidas em um nível emocional, de acordo com o posicionamento pelo qual seus fundadores as conceberam.

Segundo Blackett:[4]

As marcas permitem ao consumidor comprar com confiança e proveem um mapa que nos orienta por uma desconcertante variedade de opções. O cliente não tem que ser perito em celular para escolher entre um e outro fornecedor do serviço... O que importa aos detentores de marcas, e que se tornou alvo de atenção e investimento, é transmitir ao consumidor esses atributos únicos – o capital essencial da empresa. As marcas com patrimônio forte são profundamente assimiladas nos corações e nas mentes dos consumidores. O poder real das marcas bem-sucedidas é que elas vão ao encontro das expectativas daqueles que compram ou, em outras palavras, representam uma promessa que foi cumprida.

Os textos citados iniciam uma discussão e deixam muito claro que a marca não é somente nome, logotipo, embalagem ou design. Eles enfatizam que marcas fortes são construídas por meio de sua experiência total, ou seja, **de um histórico consistente de promessa e entrega.**

A primeira reação, ao pensarmos no tema Marcas, é imaginar exclusivamente os aspectos criativos e a publicidade. Contudo, na realidade, o logotipo, o nome, a embalagem, a comunicação e o design são consequência de uma estratégia de marcas que reflete não apenas a cultura organizacional, mas também os objetivos dos acionistas, o contexto de negócios e, principalmente, a articulação de um posicionamento de marca, que deve ser diferencial, relevante e crível (voltaremos a esse tema nos capítulos 2 e 3).

Na verdade, o que importa é o que está por trás da marca.

Indo ainda mais longe, a experiência total não deve jamais se limitar ao processo de venda. Alguns exemplos são clássicos (quem nunca se sentiu lesado por uma promessa de marca não entregue?).

Vejamos o exemplo de um caso ocorrido comigo. Eu sempre procurava viajar por determinada companhia aérea, que, entre seus principais diferenciais, oferecia estacionamento gratuito, ao lado do aeroporto de Congonhas, em São Paulo, aos clientes. Essa empresa foi pioneira nesta e em uma série de outras ações. Certa vez, deixei meu carro nesse estacionamento e me surpreendi com o excessivo detalhamento do rapaz responsável, ao anotar todos os pequenos arranhões da lataria de meu veículo. Atrás de mim, estava um senhor que teve de passar pelo mesmo procedimento: um rigor muito grande na entrada, a fim de verificar o estado do automóvel.

Contudo, quando estávamos dentro do transporte que nos levaria à área de embarque, vimos o funcionário dar uma arrancada muito forte, sem o mínimo cuidado e zelo pelo veículo que dirigia. Em um país em que as pessoas são apaixonadas por carros, imagine a reação do proprietário daquele automóvel. Ele pediu que o motorista do micro-ônibus parasse, desceu e, com certeza, todo o atributo positivo que essa empresa se predispôs a oferecer como benefício adicional aos clientes foi destruído pelo comportamento daquele funcionário do estacionamento.

O cliente, claro, não quis saber de quem era a culpa – se da companhia aérea ou da empresa terceirizada que realizava o serviço. O fato é que a experiência não se limita ao momento em que se efetua a compra, mas, sim, a tudo que a ela se relaciona.

Isso ocorre também com os atrasos de voo por excesso de tráfego aéreo. Os consumidores não se lembram de que, muitas vezes, o "caos aéreo" não é gerado pela companhia de aviação, mas, sim, por falta de investimento em infraestrutura no país. Entretanto, ele sempre critica o serviço da companhia que escolheu para viajar.

Isso acontece apenas com essas empresas?

Definitivamente, não! Às vezes, tendemos a simplificar, limitando o espaço da marca às gôndolas de vendas, porém a experiência total é um ponto crítico na entrega da promessa da marca.

3. Mais do que entregar o que prometeram, marcas fortes superam suas promessas, criando a imagem de que, naquela empresa, alguém pensa no consumidor e já refletiu sobre os problemas que ele possa vir a ter.
Segundo Jobs:[5]

Alguém me perguntou a razão da lealdade dos consumidores Apple.

NÃO É PORQUE ELES SÃO ADEPTOS À DOUTRINA MAC! Quando você compra nossos produtos, vai atrás de uma promessa e tem expectativas. Três meses depois, descobre que alguém na Apple já havia pensado em todas as suas expectativas e, mais, surpreende você. Três meses mais tarde, você tenta fazer algo em que nunca havia pensado, e funciona. Aí o consumidor imagina: "Nossa, a Apple pensou nisso também!" E isso se repete durante toda a experiência Apple. Os consumidores tiveram a prova com o Mac e, agora, com o iPod.

Acho que o que aconteceu com a Apple é mais do que uma lição. O valor da marca Apple em 2008 era US$ 55,2 bilhões, segundo a Millward Brown Optimor, publicada no jornal britânico *Financial Times*. Em 2009, foi para US$ 63,1 bilhões. Em 2010, chegou a US$ 83,3 bilhões. O posicionamento "Pense Diferente", em todos os pontos de contato com o público estratégico, mostra-nos que não basta um histórico de promessa e entrega. Marcas fortes, na verdade, estão sempre superando as promessas da marca e entregando mais do que a expectativa inicial. Isso faz com que cada consumidor daquela marca crie verdadeiros mitos e deduza: "Alguém naquela empresa está pensando em meus problemas e, se isso for verdade, sempre terei a melhor solução." Observe que o comportamento desse consumidor é um pouco diferente daquele que tem a expectativa de que "alguém resolverá meus problemas". Indo além, essa empresa fará com que seu consumidor sinta que "alguém já pensou nas soluções de problemas que eu eventualmente possa vir a ter".

4. Marcas fortes são respeitadas pelos concorrentes, a ponto de levá-los a pensar que estão lidando com um verdadeiro mito.

Segundo Arnold,[6] "se você perguntar aos principais concorrentes de marcas fortes, eles muito provavelmente dirão que sua maior dificuldade está em competir com 'nomes' muito bem estabelecidos, como Sony ou Kellog's".

Esse fenômeno é bastante importante: marcas fortes são tão respeitadas pelos concorrentes que os levam a pensar que estão lidando com um verdadeiro mito. Em muitos casos, a própria concorrência chega a influenciar toda uma categoria com sua percepção da força de marca. Mas marcas fortes também trazem responsabilidade muito grande consigo. O consumidor fica cada vez mais exigente com os padrões de qualidade a que se habituou e se torna um verdadeiro "chato" em relação à marca.

5. "A marca se inscreve em uma lógica de diferenciação da produção. A empresa ambiciona responder melhor às expectativas de certa clientela e se concentra em fornecer aos clientes, de maneira constante e repetida, a combinação ideal entre atributos tangíveis e intangíveis, funcionais e hedonistas, visíveis e invisíveis, em condições economicamente viáveis a ela."

O texto anterior é de Kapferer[7] e sintetiza muito bem o tema Marcas: a entrega constante e repetida de uma combinação de atributos que, no fundo, resulta na maneira como o consumidor forma sua percepção. Essa afirmação serve também para derrubar a grande mistificação que ainda existe entre muitos: a de que as marcas apenas podem estar associadas a atributos exclusivamente emocionais. Na verdade, o relacionamento com as marcas carrega atributos físicos, de relacionamento e emocionais. No Capítulo 3, sobre posicionamento da marca, mencionaremos inclusive seu ciclo de vida, ou seja, os estágios pelos quais a marca passa, por exemplo, ao entrar em um novo mercado.

Assim, antes de 2003 (antes da entrada de importantes players da indústria coreana no Brasil), a percepção de marcas coreanas de automóveis era muito ruim. Hoje, ao oferecer modelos de carros de extrema inovação, seria essa a percepção que temos de um carro como o Santa Fé ou o Tucson? Como essa percepção foi construída? Com a entrega de atributos físicos, de relacionamento e, ao final, emocionais; nessa ordem. Veremos nosso modelo de identidade de marca, que busca descrever exatamente esse processo, no Capítulo 2.

6. Ao final, a diferenciação dos produtos e serviços e a lealdade dos consumidores geram valor a seus acionistas, sendo a marca um dos ativos mais valiosos da empresa. Daí a necessidade de estes serem administrados com muito zelo, rigor e cuidado.
Segundo Keller:[8]

> Ao criar esses diferenciais percebidos através de seus produtos via branding e ao desenvolver a lealdade de seus consumidores, o marketing cria valor, que pode ser traduzido nos resultados financeiros da empresa. Na realidade, em várias empresas, esse ativo é muito mais valioso do que os ativos tangíveis, como fábricas, equipamentos ou prédio. Os ativos intangíveis, como sistemas de gestão, de expertise em marketing, financeiros e em operações, têm, em suas marcas, um elemento importante, por isso as marcas são valiosos ativos intangíveis que devem ser administrados com muito zelo, rigor e cuidado.

Outra reflexão que se faz em relação a esse ponto é a influência do contexto de marketing digital e de redes sociais, que transforma os consumidores em *citizen marketers*, conforme mostrado a seguir.

Os consumidores têm realmente um poder muito grande, o que os torna verdadeiros cidadãos no conceito dos habitantes de Atenas – onde cada um assume papel por sua cidade-estado. A marca, em alguns casos, de fato não está nas mãos de algum gerente de branding de uma empresa (como muitos "donos de marcas" pensam). Está, na verdade, na mente dos consumidores e, como será demonstrado, é parte do DNA da marca ou da identidade da marca. Um programa de branding pode utilizar-se dessa identidade como pilar de valor.

Consumidores cidadãos: oportunidade ou ameaça[9]

Primeiro, por que "citizen marketers" – e por que chamá-los de cidadãos? Por que não chamá-los de consumidores ou usuários? O conceito vem dos cidadãos atenienses: cada um assume responsabilidade por sua cidade-estado. Esse fenômeno vem ocorrendo com muita frequência no mundo moderno e no mundo do consumo e das marcas.

Os consumidores assumem papel de cidadãos na medida em que se identificam com as marcas e criam verdadeiras tribos de fanáticos por elas. Com o advento da comunicação, bons conceitos podem rapidamente virar realidade muito concreta no mundo dos negócios. Veja, por exemplo, ideias que partiram de conceitos muito simples e se tornaram empresas muito fortes e valiosas, como é o caso da Google.

O ponto é que esse cidadão, hoje, também sabe do poder de sua comunicação e de sua opinião sobre as marcas. O livro *Citizen Marketers* mostra, por exemplo, o caso de um blog, McChronices (www.mcchronices.com), que teve inspiração em um fanático por McDonald's. Nesse blog, um homem de Nova York conta suas experiências com a marca e avalia os quesitos atendimento, preparação da comida e higiene. É quase uma pesquisa de *mistery shop* (cliente oculto). Ele relata sua experiência e faz análises sobre o marketing e o trabalho de branding da empresa. Veja que o idealizador do blog é um apaixonado pela marca, relatando que o McDonald's faz parte de sua história, de sua infância, enfim, o cidadão exige da marca e quer ajudar no processo de construção de marcas.

Assim como essa, existem várias histórias interessantíssimas que ilustram bastante esse novo consumidor e seu poder e postura. Outro case é o Dell Hell (inferno da Dell), que fez com que a empresa desembolsasse quase US$ 100 milhões para investimentos em sua estrutura de atendimento. Tudo começou com um consumidor insatisfeito com seu Dell, que esquentava demais. Esse cliente foi muito mal atendido pela assistência técnica da empresa.

Essa concepção converge para o conceito de gestão de marcas, pois, no fundo, marcas fortes precisam sempre estar muito atentas, pois carregam consigo um grande prestígio e uma enorme responsabilidade pela melhoria contínua da entrega da promessa que está sempre presente na cabeça dos consumidores (das tribos). Se essa entrega ocorrer com efetividade (eficiência e eficácia no tempo), os *citizen marketers* podem representar uma grande oportunidade e um grande catalisador. Contudo, SE EXISTIREM PONTOS DE CONTATO COM A MARCA QUE NÃO ESTIVEREM RESPEITANDO OS ATRIBUTOS DA MARCA, CUIDADO: SEU ATIVO MAIS VALIOSO SERÁ DESTRUÍDO, POIS UMA EXPERIÊNCIA RUIM PODE TRANSFORMAR SUA EMPRESA NO DELL HELL.

Com base nessas seis definições, talvez o caminho da negativa seja a melhor maneira de definir o que uma marca compreende (aliás, como uma forte marca de refrigeradores já o fez em campanha):

Marca não é somente o Logotipo
Marca não é somente o Nome
Marca não é somente A Propaganda

Em 2001, a ANA (Associação Norte-americana de Anunciantes) reuniu especialistas para buscar uma possível definição para o tema. O resultado da reunião foi a seguinte descrição:

> O consenso obtido nesta discussão é que a marca representa o negócio. O negócio não é simplesmente um reflexo de uma declaração feita do nada. O negócio é um reflexo de todos: seus colaboradores, seus parceiros, seus fornecedores e seus consumidores.
> A Marca representa, efetivamente, a cultura de todos os que têm contato com o negócio.

A partir de então, entendemos que a marca não pode se limitar ao stakeholder clientes, bem como não pode simplesmente ser um logotipo bonito ou um nome bem elaborado. A marca representa a cultura de todos os públicos estratégicos que com ela têm contato; portanto, qualquer posicionamento dela derivado deve estar extremamente consistente com sua essência e seus valores ou com sua identidade.

A polêmica gerada pelo tema é grande. O lançamento do livro *Sem logo*[10] gerou grande discussão – extremamente saudável – pois traz à tona uma ideologia que prega, de maneira muito clara, que as marcas globais são instrumentos de dominação dos países desenvolvidos. Por exemplo, ao utilizar mão de obra infantil para fabricar bolas de futebol na Ásia, uma marca de esportes pode não ter uma postura muito ética com a sociedade. A despeito de a marca esportiva contra-argumentar que o trabalho infantil faz parte da forma como as famílias trabalham naquela região do mundo, o tema levanta uma questão muito importante. A marca tem de zelar pela consistência de sua imagem em todos os pontos de contato com os públicos estratégicos, e seus valores e princípios devem reger todas as ações da empresa.

Assim, para quem trabalha com branding e entende esse princípio e essa definição, *Sem logo* auxilia, e muito, o enriquecimento da visão sobre o tema Gestão de Marcas. O livro reforça a visão de que, hoje, com todos os meios de comunicação disponíveis, é impossível que ações prejudiciais à imagem desejada passem despercebidas.

Desse modo, se antigamente esse conceito era muito mais associado ao consumidor para diferenciar os produtos, hoje se amplia a todos os stakeholders[11] e representa uma cultura construída pelo tempo e por meio de uma consistência muito forte de promessa e entrega de marca.

Uma boa evidência disso é que, no passado, falava-se muito em marcas de produtos ou portfólio de produtos, tais como: Omo, Pampers, Nescafé, Coristina d, Tylenol, Brahma, Lubrax, Gol (veículo), Louis Vuitton, entre outras.

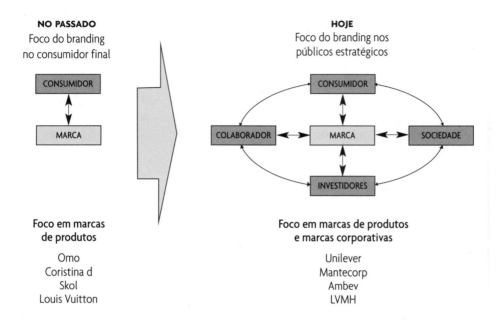

Atualmente, as mesmas corporações que possuíam essas fortes marcas de produtos começam a desenvolver uma estratégia de fortalecimento de sua marca corporativa, como, respectivamente, Unilever, P&G, Nestlé, Mantecorp, Johnson & Johnson, AmBev, Petrobras, Volkswagen, LVMH, entre muitas outras. Desse modo, o branding, que se limitava ao entendimento dos consumidores finais, hoje tem abrangência muito maior.

Um ponto importante a ser ressaltado é que a construção de imagem perante o consumidor final não deve ser dissociada de outros públicos estratégicos, pois os stakeholders não são independentes; pelo contrário, com o aumento da participação dos investidores individuais e também da crescente prática de *stock options* para colaboradores, eles são canais comunicantes muito fortes. Assim, na hora de escolher uma empresa para investir, a experiência do futuro investidor como consumidor pode somar bastante na valorização do investimento. Por outro lado, uma vez que o consumidor tenha decidido ser investidor, ele tem um motivo a mais para escolher os produtos dessa empresa (como consumidor).

Um raciocínio semelhante se aplica ao stakeholder sociedade. Com o crescimento de investidores institucionais, que aderem cada vez mais ao conceito de que a sustentabilidade é uma visão de perenidade de longo prazo nos negócios, os stakeholders sociedade e acionista estão bastante associados.

A partir desses achados, nossa definição de branding é:

Branding é um processo estruturado, consistente e integrado, que garante a melhoria contínua da entrega da promessa da marca, desde a definição dessa promessa até a implementação em todos os seus pontos de contato com os públicos estratégicos.

Vemos, contudo, que muitas empresas focam seus esforços de branding no logotipo, no nome e na propaganda, e se esquecem de que tudo isso deve estar muito bem integrado com a entrega – atividade que normalmente envolve toda a empresa –, desde as equipes de vendas e de atendimento, até os setores de call center, back-office, desenvolvimento de produtos, logística, políticas de recursos humanos, treinamento e processos internos. Resumindo: é a soma dos esforços de todos que pode confirmar ou destruir o valor da marca.

Uma analogia com um *iceberg* vem bem a calhar. A parte visível da marca seriam o nome, o logotipo e as campanhas publicitárias. Tudo isso cria a expectativa dos públicos estratégicos, porém a parte escondida daquela imensa pedra de gelo, sua porção submersa – que é o sustentáculo dessa promessa de marca – é a soma de todos os demais processos internos já mencionados, os quais podem dar real sustentação a essa promessa de marca.

1.3 Branding e o valor dos acionistas

Em paralelo a toda essa tendência, já se observaram, no mercado de capitais, alguns fenômenos interessantes. A década de 1990 foi caracterizada pelo excesso de processos de fusões e aquisições. Segundo o *Financial Times,* 75% delas, naquele período, tiveram resultado abaixo das expectativas dos acionistas, ou seja, ocorreram os tais problemas com a pós-aquisição ou a integração das empresas.

Um dos pontos percebidos na época foi a falta de definição clara da cultura da empresa que surgiria da fusão. É comum até hoje constatarmos que, em uma fusão, a primeira reação do mercado é temor, pois se espera confusão.

Vejamos um exemplo, no mínimo atípico, cujas informações se basearam no livro *Brand Failures.*[12] Trata-se do "Estudo de caso da aquisição da Snapple pela Quaker".

A operação da compra da Snapple pela Quaker foi eleita pela *Business Week* um dos dez piores negócios da década de 1990. Mas o que aconteceu de errado com essa operação?

Primeiro, vale a pena detalhar um pouco a marca Snapple, que tinha uma cultura muito forte, estabelecida perante seu público consumidor:

1. Proposta de valor – *"If it is not found in nature, it is not found in Snapple"* – Bebida natural, alternativa ao refrigerante.
2. Distribuição – Lojas de conveniência e pontos ou canais mais exclusivos.
3. Campanhas ousadas – *"Real Life"* – Wendy Kauffman personificava a marca e respondia a cartas de fãs. Seu carisma e sua popularidade eram semelhantes aos de Carlos Moreno, e as campanhas da Snapple eram tão famosas e criativas quanto as da Bombril.

A marca representava uma cultura ou um jeito de ser de seus consumidores. Esse tipo de relacionamento faz com que os consumidores se utilizem da imagem da marca para comunicar o próprio estilo e forma de pensar.

Um ponto importante a ser considerado, antes de avaliar o que ocorreu pós--aquisição da Snapple pela Quaker, é que, no início da década de 1990, surgiram alguns concorrentes, como Nestea, Lipton e Arizona.

Segundo Haig, ao adquirir a Snapple, em 1994, a Quaker traçou como estratégia de vendas a mesma (vencedora) utilizada para a marca Gatorade: distribuição centralizada, focada principalmente em supermercados.

O objetivo do novo posicionamento era tornar a Snapple a terceira bebida mais consumida no mercado norte-americano, utilizando, inclusive, campanhas com técnicas de marketing de massa – abandonando o posicionamento vencedor, baseado em distribuição e comunicação diferenciada e, ainda, deixando de lado a cultura de "exclusividade", por meio da qual a Snapple havia construído sua imagem.

Resultado: três anos após a aquisição, a Quaker vende a operação para a Triarc por menos de um quinto do valor que foi comprada.

Mais tarde, nas mãos da Triarc, ela retornou a sua identidade original: *"Made from the best stuff on earth"*, uma bebida alternativa. Com a personagem Wendy Kauffman em campanhas, relançou uma série de produtos. Em 2000, a Snapple foi vendida para a Cadbury por US$ 1 bilhão, e o dono da Triarc, Michael Weinstein, tornou-se presidente de Global Innovation da Cadbury.

Esse caso, por um lado, mostra, sim, um problema na pós-aquisição, porém também revela para o mercado de capitais que marcas possuem essência, identidade e que, estas, quando mal posicionadas, podem ter resultado final – como valor do acionista – bastante ruim. Ele mostra ao mercado e a private equities, ou venture capitals, por outro lado, que existe uma grande oportunidade: a de se comprar barato, recuperar a empresa ou o negócio e potencializar e realizar uma quantidade de lucros bem expressiva.

A partir da década de 1990, observa-se maior consciência sobre o tema "valor de marcas e branding" e sobre o fato de o processo poder ser estruturado de forma a otimizar o valor do acionista. Esse processo poderia ter definição com base em uma essência ou identidade, passando-se ao posicionamento e à arquitetura de marcas e, finalmente, chegando-se a um sistema de métricas para implementação do programa na organização. Afinal, o que se mede se gerencia (*what gets measured, gets done*).

Esse é um claro sinal de que compreender a cultura das marcas é fator-chave em operações de fusão e aquisição.

Alguns estudos recentes mostram que a diversidade cultural também pode ser encarada como vantagem competitiva da empresa. Carlos Ghosn, atual CEO dos grupos Renault e Nissan, costuma dizer que "as diferenças culturais podem ser vistas como desvantagem ou como uma semente poderosa para algo novo".

Em matéria do jornal *Valor Econômico*, de 7 de dezembro de 2006, "a verdadeira sinergia brota de uma revolução cultural". Há algumas recomendações que podem e devem ser pontos de reflexão importantes nos processos pós-aquisição:

1. Avaliação da cultura da empresa como parte do processo de due dilligence. A referência enfatiza a cultura interna. É importante complementá-la com a análise da força da marca ou da cultura estabelecida perante o público externo.

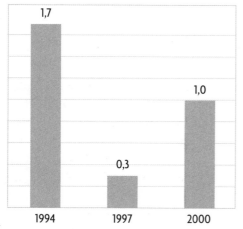

"Entender a cultura de uma empresa e respeitar a identidade de sua marca podem ser fator decisivo no sucesso da operação e da geração de valor do acionista."

– Michael Weinstein, Antigo proprietário da Triarc

Fonte: *Brand failure: a verdade sobre os 100 maiores erros de branding de todos os tempos*, de Matt Haig (Editora Kogan Page).

2. Flexibilidade na abordagem de integração – cuidado em abordagens radicais em relação à marca, pois elas podem ser desastrosas. Na Argentina, a espanhola Repsol teve de respeitar muito a marca YPF após sua aquisição.
3. Oportunidade de criar uma nova cultura – por que não uma nova marca?
4. Criar circunstâncias para o aprendizado cultural.

Quer seja por conta dos processos pós-aquisição, quer não, o mercado financeiro, os acionistas e os investidores começam a ver que a marca, da maneira como foi descrita, gera elevado valor ao acionista e, ao final, se bem utilizada, representa excelentes oportunidades de negócios.

Vejamos alguns casos de empresas que se beneficiaram muito de um cuidadoso programa de gestão da marca.

A AmBev, que sai, em meados de 1995, com a marca Brahma, evolui no posicionamento desta, adquire a Antarctica, reposiciona a Skol, consolida as marcas no Brasil, parte para a internacionalização na América Latina, realiza a fusão com a InBev e, finalmente, compra a tradicional Anheuser-Busch. Qual foi o valor agregado ao acionista nesse processo como um todo? No último ranking "As Marcas Brasileiras mais Valiosas", lançado anualmente pela BrandAnalytics, a soma do valor das três marcas foi de mais de R$ 9 bilhões em 2010. Detalharemos esse cálculo no Capítulo 8, em que aparecem, no ranking das marcas brasileiras mais valiosas, em 2009, outras marcas, como Natura, Havaianas etc.

Definitivamente, essas marcas entenderam o processo de criação e gestão de marcas, e que este não se deve limitar a um logotipo bonito ou a uma propaganda legal – ainda que esses dois itens sejam parte integrante do processo de construção de marcas.

1.4 O tema branding nas organizações

Com base nesse conceito, podemos entender o que muitos definem como Programa de Branding ou Programa de Gestão de Marcas. O branding é um programa estruturado que tem por objetivo garantir que os processos, a criação e o gerenciamento de marcas estejam integrados e, no final, gerem maior valor ao acionista. Em outras palavras, é um programa que busca alinhar a promessa e a entrega, e fazer com que essa proposta seja relevante, única e, principalmente, crível, bem como fornecer um sistema de indicadores de eficiência de gestão.

A consciência sobre o assunto Marcas vem aumentando sobremaneira, assim como o público estratégico cada vez mais começa a entender a relevância desse ativo, que é um diferencial competitivo único.

ANTES		HOJE: EMPRESAS ORIENTADAS À MARCA
Supérfluo ❖ Problema pouco importante ❖	Diretoria	❖ *Driver* importante do valor do acionista ❖ Decisões no nível de diretoria
Despesa de propaganda ❖	Financeiros	❖ Ativo mais importante
Atrai interesse de candidatos ❖	Recursos Humanos	❖ Motivação e retenção de colaboradores
Produzir ❖	Operações	❖ Foco nos fatores de aceitação e diferenciação do produto
Foco em campanhas ❖	Marketing	❖ Organização do princípio de entrega ao consumidor
Awareness ajuda a vencer ❖	Comercial e Vendas	❖ Diferenciais de marca geram vendas e preços maiores e mais estáveis

Diretoria

Se antes a diretoria considerava o tema Marcas supérfluo, hoje cada vez mais entende que essa é uma questão de enorme relevância e um importante *driver* para o acionista. Definitivamente, a diretoria atualmente compreende que a marca é um depositário de todos os atributos de uma empresa e, como não se limita ao público estratégico de clientes ou consumidores, essa importância começa a ser relevante para organizações de todos os segmentos – antes, era muito centralizada nas empresas que tinham produtos B2C (*business to consumer*). Vemos hoje que decisões, como alterações no logotipo de uma empresa ou em sua arquitetura de marcas, são tomadas em nível de diretoria. "Matar" uma marca ou aumentar o investimento que se faz nela também é decisão da diretoria e, em diversos casos, o CEO da companhia atua como "o grande guardião" da marca, como no caso da Apple, da Vale, do Pão de Açúcar, entre muitas outras. Boa parte disso ocorre porque é cada vez mais evidente que a marca seja o ativo mais valioso da empresa.

Financeiros

Sob a visão dos departamentos financeiros das empresas, antes os desembolsos de marketing eram considerados despesas de propaganda. Hoje, com a verdadeira revolução dos chamados ativos intangíveis, os balanços patrimoniais (ou os ativos tangíveis) representam aproximadamente 30% do valor das empresas, e cada vez mais os financistas caminham para entender os ativos intangíveis.

Conforme mencionado na Introdução, marcas são ativos relevantes na composição do valor das empresas e geram resultado substancial a seus acionistas. Por esse motivo, com os financeiros utilizando cada vez mais sistemas como Value Based Management, esse tema, para eles, ganha – e muito – em importância.

O Valor da Marca cada vez mais vem sendo utilizado para suportar tanto as operações financeiras quanto o pessoal desse setor:

- Fusões e aquisições – Na aquisição das operações da DKNY, a LVMH (Louis Vuitton Moët Hennessey) adquiriu toda a operação, menos a marca (ela paga royalty por sua utilização). O registro de valor da marca em relatórios financeiros mereceu, de nossa parte, um capítulo especial neste livro – Capítulo 5 –, porém, de antemão, pode-se dizer que o valor da marca somente pode ser reconhecido nos balanços patrimoniais em casos de compra e venda de empresas.

  O VALOR DA MARCA JAMAIS PODE SER RECONHECIDO EM BALANÇOS PATRIMONIAIS SEGUNDO OS PROCEDIMENTOS CONTÁBEIS PARA MARCAS QUE FORAM GERADAS INTERNAMENTE. Esse tema será discutido e, de acordo com isso, será apresentada opinião.

- Definição de taxas de royalty pela utilização da marca – a quantificação do valor dessa remuneração é obtida por meio da metodologia de avaliação de marcas. O licenciamento justo ou a taxa de royalty será algo a ser detalhado no Capítulo 6, mas é muito comum a utilização de valor da marca para suportar o royalty como porcentagem das vendas e como critério para remuneração da utilização de marcas. Isso é bastante usual, por exemplo, em uma empresa multinacional que tenha a marca registrada em um país e deseje cobrar taxa de royalties pela utilização de sua marca em uma subsidiária. O procedimento de cálculo deve ser sólido, a fim de evitar, inclusive, problemas futuros com o chamado preço de transferência (*transfer price*).

- Securitizações – Marca como ativo dado em garantia para empréstimos. A recente legislação de renegociação de passivos, a Lei nº 11.101 trouxe algumas importantes inovações no processo, entre elas a possibilidade de se realizar a cisão dos ativos "bons" da empresa – por exemplo, a marca – em uma "NewCo" e deixar os passivos na empresa antiga "OldCo". A lógica é buscar não prejudicar a saúde da empresa em momentos de renegociação com credores ou securitizações. Esse trabalho foi realizado para uma das marcas do varejo talvez mais conhecidas do Rio de Janeiro – a Casa&Video – no início de 2009.

Desse modo, cada vez mais os financeiros de empresas entendem que marcas geram valor substancial para o acionista.

Assim que passaram a encarar a marca como ativo, eles começaram a compreender que os desembolsos na construção de marcas não são exclusivamente despesas, mas também investimentos. Somente para esclarecimento: despesa é um desembolso abatido do demonstrativo de resultados anual da empresa. Investimento é um desembolso também, porém normalmente amortizado na vida útil do ativo. Pode parecer bastante simples, mas esse conceito básico pode fazer com que exista a necessidade de se pensar um pouco mais em avaliar os desembolsos em comunicação em desembolsos que são de curto prazo (promoção, ações de ativação etc.) e em investimentos em construção de marcas (campanhas para construção de imagem, patrocínios, entre outros).

Recursos Humanos

Se no passado o foco do setor de Recursos Humanos da empresa era exclusivamente a capacidade de atrair bons candidatos, atualmente a grande preocupação dessa área está na retenção e na motivação de seus colaboradores.

Nossa definição de marcas faz com que os colaboradores sejam parte essencial da implementação de programas de branding, uma vez que, em muitos casos, são a entrega da promessa da marca.

A gestão do capital humano vai, então, desde o perfil dos candidatos que ingressam na companhia até sua política de remuneração (bônus), planos de carreira e treinamento. Tudo isso deve estar alinhado à promessa da marca e, com certeza, faz com que a entrega da promessa da marca seja crível.

Reconhecidamente, algumas empresas de consultoria merecem grande destaque no que se refere a esse tema, pois o fator humano é vital para elas. Destaco algumas experiências que tive com uma das mais importantes consultorias, a Deloitte. O processo de seleção dos trainees, a política estruturada de desenvolvimento profissional e a possibilidade real de intercâmbio, nessa corporação, são muito bem conduzidos.

Na Deloitte, o processo de trainees é um dos mais concorridos, com testes e provas de nível de complexidade bastante elevado. Ao final, os candidatos ainda passam um dia inteiro conhecendo melhor o que é a organização, visitando suas instalações, e ficando extremamente impressionados com a estrutura da empresa, seus princípios e valores. Os sócios mais experientes participam desse dia com os candidatos, pois certamente sabem que este talvez seja o diferencial competitivo mais importante da Deloitte.

Dá para imaginar o que pensa um recém-formado quando vê uma estrutura dessas, capaz de demonstrar a chance de uma carreira de longo prazo. A possibilidade real de um bom candidato desenvolver carreira internacional também é levada muito a sério nessa corporação. Imagine a motivação que essa promessa pode proporcionar aos jovens ingressantes na empresa. Alguém falou exclusivamente de remuneração ou salários? Definitivamente, a motivação desses profissionais está em todo esse conjunto; eles estão espalhados pelas maiores empresas brasileiras, daí o sucesso da Deloitte nos negócios.

Isso tudo sem falar que uma marca para o capital humano, além de atrair os melhores colaboradores, pode desempenhar papel muito poderoso na retenção desses colaboradores. Formar uma equipe é algo muito difícil, e treinar um colaborador alinhado à identidade de uma empresa é algo que realmente custa muito caro; portanto, a rotatividade elevada pode ser prejudicial para a companhia. A marca desempenha papel de suma importância nesse processo, tanto como endosso de credibilidade, ética e seriedade, como também ao equiparar seus princípios e identidade. A rotatividade de funcionários da Starbucks nos Estados Unidos é 50% menor do que a do mercado desse país.

Mais uma vez, alinhado a nossa definição de marca junto com públicos estratégicos, hoje o branding tem importância muito clara para os recursos humanos da empresa.

Uma série de organizações entende que a marca é uma cultura, uma filosofia, que exige alinhamento de todos os colaboradores, de forma integral, para que seja possível entregar realmente a essência da marca. Essa consciência tem sido cada vez mais difundida nas empresas. Recursos humanos são, sem sombra de dúvida, fator crítico de sucesso na implementação de qualquer estratégia; portanto entende-se que o tema branding hoje é parte integrante do recrutamento, do treinamento, do gerenciamento e, inclusive, do sistema de remuneração (scorecard) da empresa. Por isso, ele trabalha muito com a atratividade de bons talentos, mas também com a motivação dos atuais colaboradores.

Operações

Se antes o espírito era produzir para atender a uma demanda, hoje cada vez mais existe uma harmonização na cadeia (desde os modernos conceitos de Supply Chain Management até os de Engenharia Simultânea, que integra o departamento de Novos Produtos à produção, à logística e ao mercado). Enfim, os requisitos de mercado ou da demanda orientam toda a cadeia produtiva e, desse modo, o posicionamento da marca deve estar claro a todos esses públicos estratégicos (operações, logística, engenharia de produto etc.), que também têm de estar alinhados e conscientes de sua importância na entrega da promessa da marca.

Esse conceito faz com que se somem, de maneira bastante holística, as áreas de projeto, manufatura, logística e mercado, levando a uma integração quase perfeita das operações com as necessidades e os diferenciais de mercado, mais o posicionamento da marca.

Se no passado a fábrica se recusava a produzir lotes pequenos, hoje os famosos Sistemas Flexíveis de Manufatura são um reflexo da adequação das operações às necessidades de mercado – mais uma área dentro da empresa que também vem demonstrando noção de importância das marcas e de seu processo de construção.

Marketing

Até bem pouco tempo atrás, a função primordial do marketing consistia em planejar e realizar campanhas ou exclusivamente em ter a capacidade de brifar as agências de Publicidade e Propaganda contratadas para fazer esse trabalho.

Hoje, o foco está na gestão de todos os pontos de contato com os públicos estratégicos. Atualmente, é importante assegurar que o posicionamento desejado seja coerente e consistente com a real efetividade dessa entrega. Por isso, é cada vez mais comum nas organizações a criação do departamento de Inteligência de Mercado, cujo foco deve ser a construção, a implementação e o monitoramento de um posicionamento definido para a marca.

Comercial e Vendas

O profissional de vendas que, no passado, usava somente o fato de a marca ser valiosa por seu reconhecimento (*awareness*), hoje, percebe que é preciso exaltar os atributos diferenciadores da marca, o que se torna vital especialmente quando indústrias precisam discutir negociações, por exemplo, com cadeias de supermercados.

1.5 Uma possível abordagem para o Processo de Gestão do Valor da Marca

Quais são as características necessárias para o processo de implementação do branding?
As mais importantes nesse processo são:

- Deve ser orientado à otimização do valor do acionista de longo prazo.
- Deve ser orientado com métricas para otimização do valor dos ativos intangíveis,

uma vez que o conceito de geração e extração de valor deve ser sempre acompanhado de métricas que auxiliem a definição e a implementação do conceito.

Desse modo, as ações de um programa de branding devem sempre, e necessariamente, construir valor para o acionista – hoje, isso reside muito mais no valor dos ativos intangíveis do que nos ativos tangíveis. Os ativos intangíveis são compostos por capital humano, capital organizacional e capital de relacionamento segundo Patrick Sullivan. Os ativos tangíveis da empresa são os ativos fixos, como máquinas, equipamentos, capital de giro operacional, entre outros. Segundo Baruch Lev, o valor dos ativos intangíveis constitui hoje 70% a 80% do valor das empresas.[13]

Processo de Gestão do Valor da Marca

A primeira etapa desse processo é o entendimento da identidade da marca ou essência da marca. O conjunto capital humano, capital organizacional e capital de relacionamento pode conter um elemento comum: o jeito de a empresa atuar.

Por exemplo: o fato de o banco ter um bom gerente – supomos que este seja João – pode, por si só, propiciar um bom atendimento a seu cliente. Nesse caso, estaria aí o valor exclusivo do capital humano. Porém, se João for funcionário de um banco que tem uma forma própria de ser e de atender – que é do banco, e não do João –, isso começa a migrar para a marca da instituição.

Assim, o cliente começa a criar a percepção de que, qualquer que seja o gerente, o atendimento terá consistência e será o mesmo (maneira de ser do banco). Vantagens? Se João sair da instituição X para a Y, terá dificuldade de carregar consigo a carteira de clientes, pois está lidando com uma marca forte – isso é muito comum no segmento *private*. É uma vantagem competitiva associada à organização e à marca, capaz de minimizar o risco de uma operação. É a forma de ficarmos cada vez mais preparados para a economia dos intangíveis.

Usei um exemplo para capital humano, mas poderia fornecer outros para capital organizacional (como a empresa estrutura seus processos) e para capital de relacionamento (a forma como a empresa se relaciona com seu público). Esse modelo justifica o ativo intangível.

A **identidade da marca** é o jeito de ser das empresas e tem muito a ver com a ideologia e os princípios de seus fundadores. Quantos são os casos de pessoas que um dia pensaram de maneira diferente e estabeleceram uma cultura por trás da organização? Os exemplos são inúmeros. Cito, no Brasil, o comandante Rolim, da TAM; Amador Aguiar, do Bradesco; e Abílio Diniz, do Grupo Pão de Açúcar. No

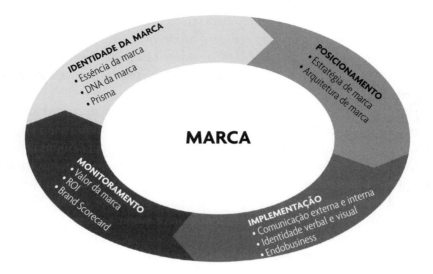

exterior, destaco Steve Jobs, da Apple; Bill Gates, da Microsoft; Howard Schultz, da Starbucks, entre tantos outros influenciadores da cultura organizacional. Esses brilhantes empresários se cercaram de profissionais e estruturaram corporações extremamente alinhadas com essa ideologia, e as marcas criaram percepções externas com seus respectivos públicos.

Revelar a identidade da marca implica mapear esse processo por meio de um profundo diagnóstico com os públicos internos e externos. A pergunta que sempre faço é: Você sabe, de maneira muito clara, qual é a identidade de sua marca?

Posicionamento da marca é a maneira de articular a proposta de valor, a fim de que o valor dos acionistas seja otimizado. Esse posicionamento deriva de um extensivo processo de análise dos públicos, da identidade da marca e, principalmente, em linha com a estratégia de negócios da empresa (visão, valores e missão).

O posicionamento deve obedecer a algumas características, como: ser confiável, único, relevante e perene. É uma declaração que orienta todos os pontos de contato do público externo com a marca e define como a empresa vê o negócio, em que a marca se diferencia dos concorrentes e o que esta, de fato, oferece para apoiar sua proposta de valor. Um ponto importante na marca é já ter alinhado e quantificado todos os riscos do posicionamento em cada um de seus pontos de contato, deixando extremamente claras as mensagens-chave para cada um deles e as métricas para suportar sua implementação.

Algumas questões a que o posicionamento da marca deve responder são:

- Qual é a melhor estratégia para realizar patrocínios?
- Supondo que existam várias marcas – inclusive a corporativa – e considerando que tenham sido realizados alguns patrocínios, que marca deve capitalizar essas acões?
- Existe a necessidade de flexibilidade na estratégia global em mercado local – por exemplo, a entrada da Petrobras no mercado argentino?
- Quantas marcas, de fato, são necessárias para a empresa?
- Quando preciso lançar um novo produto, supondo que eu tenha várias marcas, em qual delas devo apostar?
- O nível de endosso da marca corporativa em meus produtos é claro?

Dizem que grande parte do sucesso de um programa de branding está em sua **implementação**, portanto é fundamental elaborar um guia para colocar em prática o programa em cada ponto de contato da marca, com procedimentos (não exclusivamente de aplicação de logotipos ou comunicação, mas também no que se refere a deixar muito claro o jeito de ser do capital humano, do capital organizacional e do capital de relacionamento). Esse é um tipo de Brand Book.

Ao final, para cada segmento da marca, são estabelecidos brand scorecards que fazem o **monitoramento**, isto é, mensuram a efetividade do programa nas dimensões:

1. Financeira de longo prazo – valor dos ativos intangíveis e da marca
2. Financeira de curto prazo – vendas, lucro, EVA – Economic Value Added
3. Percepção de marca – processo de decisão de compra
4. Processos internos do branding – monitoramento de métricas de processos internos do marketing (comunicação interna, externa, mídia, CRM – Customer Relationship Management etc).
5. Força da marca – Brand equity, lacunas em relação ao posicionamento

Esse conjunto de atividades é uma das possíveis abordagens para a implementação do conceito de branding nas organizações e que otimiza o valor da marca em todos os pontos de contato, dando suporte para que as empresas entendam o correto valor desse ativo. Você tem isso em sua empresa? Você entende que a marca é apenas um logotipo bonito ou uma bela peça publicitária?

Capítulo 2

Identidade da marca

> "Perdi minha reputação!
> Perdi a parte importante de mim mesmo,
> só me tendo restado a bestial."
> – WILLIAM SHAKESPEARE
> *OTELO*

2.1 O que é identidade da marca?

Jim Collins, autor de duas obras que são referência no mundo dos negócios – *Empresas feitas para vencer* (Rio de Janeiro: Campus/Elsevier, 2001) e *Feitas para durar: práticas bem-sucedidas de empresas visionárias* (Rio de Janeiro: Rocco, 2007) –, citou, em entrevista à revista *Exame*,[1] que as empresas podem ter cinco estágios de declínio.[2]

Os três primeiros, em geral, explicam que a organização pode parecer saudável, mas, na verdade, estar em crise iminente. No quarto grupo estão empresas como IBM e Apple, entre outras, que, em determinados estágios de seu ciclo, passaram por crises muito grandes, mas tiveram, em suas estratégias de recuperação, a volta à essência ou identidade da marca. As que não sobreviveram pertencem ao quinto grupo, como a Arthur Andersen.

Muitas pessoas da área de Tecnologia da Informação (TI) em empresas podem informar que, ao comprar um equipamento, escolhem a IBM, pois, se ocorrer algum problema, jamais serão responsabilizadas, já que contrataram a melhor marca – a "Big Blue".

Quando Lou Gestner assumiu a IBM, no início da década de 1990, ele disse que o ativo mais valioso da empresa eram três letras: IBM. Isso mesmo com a companhia expandindo suas atividades para o ramo de serviços – e também superando o fato de a abreviação de seu nome significar "Indústria de Business Machine", o que, teoricamente, indicaria não dever estender sua atuação a outros segmentos (alguns especialistas de marketing da época criticavam a utilização da marca IBM justamente com essa prerrogativa).

A empresa, então, unificou seus esforços para reconstruir uma marca forte, com posicionamento arrojado e de retorno a sua essência. Para tanto, foi fundamental para a IBM concentrar suas atividades – a organização tinha quase quarenta unidades de negócios utilizando seu nome de maneira bastante distinta e, em alguns casos, de forma não harmônica e contraditória.

De uma empresa quase quebrada, a IBM hoje está em segundo lugar entre as marcas mais valiosas do mundo, com um valor de US$ 86,3 bilhões – segundo pesquisa publicada no *Financial Times*, elaborada pela Millward Brown Optimor, em 2010.

O foco e a volta à essência da marca geraram substancial vantagem competitiva e relevante valor para o acionista.

Em 1997, quando Steve Jobs retornou à Apple, um dos fatores críticos para a recuperação da empresa foi o resgate de sua cultura original. Nos trechos a seguir, extraídos de uma entrevista à *Business Week*,[3] fica claro que um dos fatores mais importantes desse processo foi o engajamento dos colaboradores com o jeito de ser da Apple:

Business Week: Então o ponto mais importante é ter boas pessoas com paixão pela excelência?

Steve Jobs: Quando voltei, a Apple havia **se esquecido de quem era**. Você se lembra da campanha "Think Different" [Pense diferente]? Certamente era para os consumidores, mas foi muito mais para a Apple (empresa) mesmo.

Nossos heróis podem revelar muito quem somos, muito de nossa identidade. Aquela propaganda lembrava-nos quem são nossos heróis e quem somos nós. Havíamos nos esquecido disso. As empresas geralmente se esquecem de quem são. Em alguns momentos, elas se lembram novamente, em outros, não.

Em geral, algumas empresas – por conta de planos de expansão, oportunidades de negócios (por exemplo: quando a Harley-Davidson resolveu lançar um perfume, seus consumidores mais fanáticos perguntavam se a essência era de óleo) ou da ótica de sempre buscar o ganho de escala – perdem um pouco de sua essência e dos princípios que a fizeram chegar àquele estágio.

Essas empresas se esquecem de que a marca reflete sua cultura nos públicos estratégicos; em muitos casos, ela está fora, inclusive, dos limites da organização.

Quantas vezes comentamos que a marca X não é mais a mesma, pois não oferece mais os atributos entregues no passado? Não seria um problema de identidade da marca?

A identidade da marca é um verdadeiro mapa, documento que estabelece para o médio prazo o que é a marca, no que reside seu caráter único e suas diferentes facetas.

Vejamos algumas utilizações de identidade da marca:

1. Decisões de Recursos Humanos – Qual é o perfil que a cultura de minha empresa reflete? Como motivar e reter os colaboradores?
2. Decisões de Marketing – A marca pode patrocinar tal evento, tal esporte? Como descentralizar as decisões de comunicação em diferentes regiões ou em nível internacional, mantendo a certeza de que elas construirão, de forma adequada, uma única e mesma marca?
3. Decisões de Produto – A marca pode se estender para outras categorias de produto? Quais são as características do produto para utilizar a marca? Quais são as oportunidades de parceria?

2.2 Diferença entre identidade e imagem

Antes de detalharmos os modelos teóricos utilizados em minhas aulas de branding, vale a pena entender como essa cultura é criada e como a marca se torna o reflexo de onde está inserida.

Marcas são a reprodução da cultura de um empreendedor ou de um grupo de empreendedores que têm determinados valores ou uma filosofia em comum. Essa filosofia cria uma cultura interna, uma cultura organizacional ou um jeito de ser e fazer da organização. É exatamente dessa vocação (no caso da Apple, "Pense diferente"; no caso da TAM, "O prazer em voar e servir"), proveniente da essência das próprias pessoas, que as empresas conseguem transmitir sua cultura para os públicos externos – de maneira consistente em todos os pontos de contato da relação marca *versus* públicos estratégicos.

Em diversos casos, a marca é profundamente influenciada pela cultura estabelecida por seus empreendedores. No caso da Oi, por exemplo, um símbolo de sua cultura pode ser seu atual presidente, Luiz Eduardo Falco; no caso do Bradesco, Amador Aguiar. Vemos que esses executivos influenciaram muito o jeito de ser ou a cultura organizacional das empresas – e ainda continuam a fazê-lo.

Essa cultura interna é a identidade da marca. A cultura estabelecida pelos públicos externos (consumidores, sociedade, clientes, investidores) é a imagem ou a percepção da marca.

Entre alguns problemas que empresas com esse perfil enfrentam, podemos destacar a fase de disseminação e expansão da cultura, logo após o sucesso consolidado em escalas menores.

Quando a empresa cresce, a cultura interna deve ser assimilada e compreendida por milhares de pessoas e, em alguns casos, até mesmo por públicos que estão fora de seu "controle", como distribuidores, órgãos independentes ou mesmo profissionais terceirizados. Assim, uma ferramenta capaz de garantir que a cultura da empresa esteja alinhada com sua identidade verdadeiramente clara é fundamental.

As maiores demandas que observamos hoje em nossa consultoria de gestão de marcas concentram-se em empresas com esse problema. A companhia cresce, ganha mercado e, então, confronta-se com as diversas alternativas estratégicas possíveis. Nesse momento, é imperativo que se estabeleça um processo de gestão capaz de garantir a manutenção de sua essência. Mais ainda, que haja um sistema de métricas que garantam que as ações da empresa gerem valor ao acionista,[4] afinal, o que se mede, se gerencia.

2.3 Ativos intangíveis: geração e extração de valor

Voltando a nosso tema, entendemos um pouco as definições de ativos intangíveis e o que percebemos como premissas para a identidade de uma marca.

Segundo Patrick Sullivan, professor da Universidade de Stanford, esse processo pode ser definido conforme apresentado na página ao lado.

O princípio básico diz que, a partir do capital humano, da cultura organizacional, de pesquisa e desenvolvimento (P&D), treinamento e recrutamento, a empresa garante seus ativos intelectuais, que são produzidos (sistemas de produção), distribuídos (canais) e, ao final, podem gerar diferencial percebido e valor econômico à empresa.

O maior problema é que, durante a construção dessa percepção externa, a organização não depende exclusivamente de sua estrutura interna (P&D, máquinas, pessoas, patentes etc.). Na verdade, ela depende da criação de uma percepção externa (imagem).

A construção de uma imagem externa não depende exclusivamente de suas ações, mas também dos movimentos dos principais concorrentes e, principalmente, do alinhamento em todos os pontos de contato com o público.

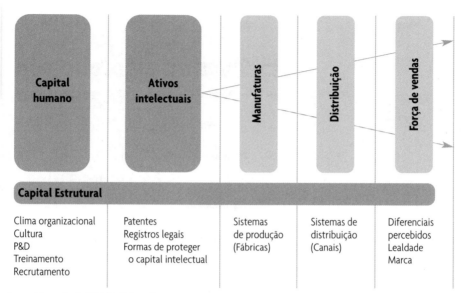

Fonte: Adaptado de SULLIVAN, Patrick.

"Vacinado" contra propagandas enganosas, o consumidor não acredita exclusivamente em uma mensagem que vê na televisão. Vejamos, por exemplo, o caso de um banco como o Bradesco. Se a comunicação do banco em relação ao segmento premium (Bradesco Prime) remetesse à exclusividade, todos os pontos de contato da marca deveriam ser consistentes com essa mensagem.

Nesse sentido, estruturar um canal exclusivo de agências foi um ponto importante. Mais do que isso: capacitar seus gerentes com ferramentas e produtos alinhados com o posicionamento talvez tenha sido fundamental. A experiência do internet banking também deveria remeter ao posicionamento desejado. Também, por exemplo, a aquisição do American Express pelo Bradesco e o patrocínio ao Cirque de Soleil auxiliaram muito a criação de uma percepção de exclusividade. O mais interessante foi que, em instante algum, eles negaram a identidade da marca ou o jeito Bradesco de ser, associado ao grande banco de varejo.

A criação de uma percepção, portanto, deve ser consistente em todos os pontos de contato da marca, conforme ilustra a figura na página a seguir.

Somente essa consistência pode criar percepções, pois, na condição de seres humanos, somos condicionados a valorizar as notícias ruins em detrimento das boas, ou seja, como meu antigo líder Antoninho Marmo Trevisan dizia: "Você pode fazer 10 mil coisas boas para criar uma boa percepção, porém basta um erro para que toda a percepção seja destruída."

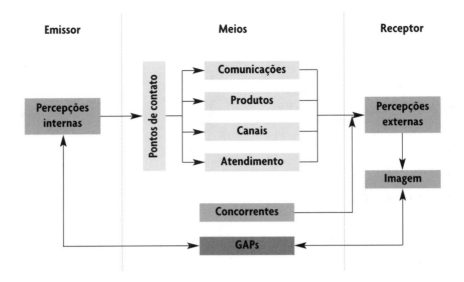

Acho que é verdade. Assim, não podemos jamais prometer ou comunicar algo que apresente algum risco de não ser entregue e, consequentemente, que venha a prejudicar a imagem da marca.

Existem nitidamente duas dimensões da empresa: interna e externa. A dimensão interna, segundo Sullivan, são os atributos de geração de valor. A dimensão externa são os atributos de extração de valor.

Geração de valor (Dimensão interna)	Extração de valor (Dimensão externa)
P&D	Percepção de melhores produtos
Fábricas e sistemas de produção	Percepção de melhor acessibilidade (canal, proximidade)
Patentes e formas de proteção de ativos intangíveis	Percepção de melhor atendimento
Pessoas	Percepção de melhor tecnologia
Sistemas de distribuição	Percepção de inovação
Cultura organizacional	Atributos de natureza emocional: identificação com a ideologia da marca

O processo de revelar a identidade da marca, portanto, passa pela análise dos principais diferenciais, "internos" e "externos", da marca. Em uma analogia mais simples, pode-se dizer que a primeira dimensão trata da porta da fábrica para dentro (interno), enquanto a segunda diz respeito à porta da fábrica para fora (externa).

Um dos maiores exemplos desse tipo de percepção no passado eram a Perdigão e a Sadia. A Perdigão se destacava muito por processos internos, produtos, TI e processos de produção. A Sadia, por sua vez, era muito boa em marketing, posicionamento da marca e sistemas de distribuição. Obviamente, em ambos os casos, existiam situações específicas, para as quais essa regra não se aplicava. Entretanto, o mercado sempre tinha essa percepção. Hoje, ambas, Perdigão e Sadia, pertencem à BR Foods, e essa diferença de percepção externa vem diminuindo cada vez mais.

Algumas questões mais importantes a serem ressaltadas são as diferenças entre os pontos fortes, ou diferenciais da empresa, na ótica dos públicos internos, e a percepção dos públicos externos, que, com frequência, encontramos na implementação desse processo. A seguir, apresentamos um gráfico adaptado de Sullivan:[5]

Valor extraído (percepção externa)	Risco (percepção existe, mas não é entregue)	Ideal
	Risco de comoditização	Risco (diferenciais existem, porém não são percebidos)

Valor gerado
(percepções internas)
(Capital humano, P&D, produtos, processos, tecnologia)

Nesse gráfico, valor gerado representa os diferenciais competitivos da empresa, como capital humano, capital organizacional e capital de relacionamento. O valor gerado apenas é extraído quando os diferenciais competitivos são percebidos como proposta de valor dos públicos externos. Por exemplo, se for relevante para um banco ter um bom atendimento em sua proposta de valor, então o capital humano da empresa deve ser percebido como diferencial nos públicos externos – desse modo, atendimento é um *driver* de escolha do banco. Caso contrário, o valor é gerado e não extraído – é um investimento que a empresa faz, cujo valor não estaria sendo extraído nos resultados econômicos da corporação (receita, custos, despesas e projeção de custo de capital).

Outro ponto de risco pode ocorrer quando a percepção existe – foi criada eventualmente por uma campanha ou propaganda –, porém ou aquela proposta não tem muita correlação com a identidade da marca (o jeito de ser e fazer as coisas) ou os pontos de contato da marca não estão alinhados (produto/serviço, atendimento, experiência de compra, pós-venda, entre outros).

A situação ideal é quando os diferenciais competitivos que efetivamente existem na corporação são percebidos pelos públicos estratégicos. A consistência desse processo cria os atributos da marca na mente dos públicos estratégicos e propicia à organização a sustentabilidade de longo prazo. Consequentemente, ela otimiza o valor do ativo intangível na organização.

2.4 Prisma de identidade da marca

Existem inúmeras maneiras de revelarmos a identidade de uma marca. Aquela na qual mais vemos concordância com o conceito de branding anteriormente exposto é a do autor Jean-Noël Kapferer.[6]

Em primeiro lugar, existem duas grandes dimensões:

1. Públicos interno e externo
2. Atributos tangíveis e intangíveis

Segundo a definição do autor, "A Marca" é a combinação ideal entre atributos tangíveis e intangíveis, funcionais e hedonistas, visíveis e invisíveis, em condições economicamente viáveis para ela. Algumas pessoas tendem a entender a marca apenas com atributos emocionais, mas a percepção é construída com o todo.

Uma possível maneira de se combinarem as duas grandes dimensões é por meio de um prisma, o qual é composto por atributos do público externo (físico, de relacionamento e de reflexo) e do público interno (personalidade, cultura e o autorreconhecimento). Veja a figura a seguir.

Para cada marca, todas essas dimensões devem ser descritas, a fim de que se tornem claras a identidade da marca e suas principais percepções externas.

	TANGÍVEL		
É um conjunto de características objetivas que se sobressaem (que vêm imediatamente à marca quando ela é citada em uma pesquisa).	FÍSICO	PERSONALIDADE	A maneira de falar dos pontos de contato deixa transparecer o tipo de pessoa.
É a maneira como a marca entrega ou comunica a cultura que representa. Às vezes, em serviço, o relacionamento se dá quase exclusivamente com pessoas; outras vezes, ocorre sem muita consistência.	RELACIONAMENTO	CULTURA	Toda a percepção é, de fato, resultado de uma cultura. Por cultura entende-se: sistema de valores e fonte de inspiração de marcas.
São as percepções que os públicos estratégicos têm quando sua imagem é associada à marca.	REFLEXO	AUTORRECO- NHECIMENTO	Existe forte identificação do público estratégico com a marca. Esse público tem orgulho da marca.
	INTANGÍVEL		

Para exemplificar, um grupo de alunos do MBA da Fundação Getulio Vargas[7] explicou o Prisma de Identidade da Marca Banco Real, cuja figura a seguir é adaptada de seu trabalho final.

Essa definição pode permitir, de maneira mais clara, o entendimento da identidade da marca e, principalmente, das lacunas entre a identidade e a imagem de uma marca. Por meio desse monitoramento, é possível assegurar que os conceitos estejam alinhados e que, portanto, a essência esteja sempre presente.

FÍSICO	PERSONALIDADE
Conta universitária RealMaster: cheque especial em condições especiais.	• Consciente de seu papel na sociedade • Bem informado
RELACIONAMENTO	CULTURA
Relacionamento de longo prazo com clientes: • Altos níveis de satisfação • Gerentes dedicados, proativos e especializados • Não empurramos produtos: atendemos a necessidades	• Banco como agente de mudança • Ser exemplo para a sociedade • Organização de um instrumento da evolução da sociedade • A camisa de cada funcionário deve combinar com a camisa da empresa
REFLEXO	AUTORRECONHECIMENTO
• Banco de sua vida • Banco de sustentabilidade • Banco que respeita a diversidade	• Engajado • Sustentável • Ser referência e servir de exemplo para outras pessoas

2.5 Principais riscos ao não se revelar a identidade da marca

Talvez um dos pontos mais importantes para se ter um documento de identidade da marca é ter em vista muito claramente o DNA da marca, seus valores e essência, a fim de evitar alguns "ruídos" de percepção. Existem alguns problemas que a falta desse entendimento pode gerar:

MIMETISMO	OPORTUNISMO	IDEALISMO
Sem uma identidade clara, a marca é um seguidor e foca simplesmente os concorrentes, imitando sua comunicação. É o caso de marcas seguidoras.	Sem uma identidade clara, a marca busca oportunidades de mercado que, em alguns casos, ferem alguns de seus sucessos anteriores. É o caso da extensão da marca para alguns produtos que, inclusive, destroem o valor das marcas.	Identidade dos sonhos: a marca como idealmente se imagina, embora longe da realidade. É a promessa não muito crível.

2.5.1 Mimetismo

A marca, em vez de buscar identidade própria, procura seguir os líderes de seu mercado e pode, assim, perder a essência. Um exemplo disso ocorreu com a New Coke em 1985.

Como Matt Haig nos conta no livro *Brand Failures*, em 1985, a Coca-Cola decidiu tirar de linha seu mais popular refrigerante e substituí-lo por uma nova fórmula, denominada New Coke. Na guerra das colas (Coca-Cola *versus* Pepsi--Cola), em 1950, após a Segunda Guerra Mundial, a marca Coca-Cola vendia quatro entre cinco colas em nível mundial. Porém, já na década de 1960, a Pepsi se posicionou como uma marca mais jovem. Em um primeiro instante, a estratégia da Pepsi poderia significar um risco para si própria, pois, de alguma maneira, deixava para a Coca-Cola todo o público mais velho. Contudo, a ofensiva foi muito bem-sucedida. Em 1970, a Pepsi lançou o posicionamento Pepsi Challenge.

Em 1980, a Pepsi continuou essa ofensiva, conduzindo o Pepsi Challenge no mundo inteiro, daquela vez com a chegada da Pepsi Generation. Em 1984, a posição de liderança da Coca-Cola já não era tão distante. Assim, a empresa decidiu lançar o novo refrigerante, com um sabor mais doce. O problema com que talvez a Coca-Cola não contasse era a força de sua marca ou a cultura que estava estabelecida em seus públicos externos – ou seja, a identidade da marca.

Em 23 de abril de 1985, a empresa iniciou a produção da New Coke. Assim que foi anunciada, grande parte da população boicotou o produto. Em 11 de julho de 1985, em comunicado oficial, menciona: "We heard you".[8] A New Coke foi abandonada, e a produção se volta à formula original – a da Coca-Cola.

Houve boatos de que tudo não passou de estratégia, algo feito para que as pessoas ressaltassem a tradição da Coca-Cola em sua vida. Em um comentário, o CEO da Coca-Cola na época, Donald Keough, menciona: "Verdade é que não fomos nem tão geniais nem tão inocentes assim."

Veja que interessante a declaração do principal concorrente da Coca-Cola, o CEO da Pepsi na época, Roger Enrico, que menciona o caso como um grande aprendizado para a empresa: "Acho que, ao terminar esse pesadelo, eles (Coca--Cola) entenderam quem realmente são."

O problema do mimetismo acontece nitidamente quando esquecemos nossa identidade. Muitas vezes, esquecemo-nos de quem realmente somos, e a concorrência, a competição, sempre nos coloca diante da tentação de fugirmos de nossa identidade e de nossos valores. Quando isso acontece, o risco é muito grande, porque, em vários casos (como esse da New Coke), vemos que marcas líderes adotam como estratégia o *Me-too*. Isso pode ser especialmente arriscado, como enfatiza Al Ries e Jack Trout: "Em alguns casos, uma estratégia *me-too* pode funcionar para uma marca seguidora, porém somente será bem-sucedida se a marca líder falhar em reagir para estabelecer a posição."[9]

2.5.2 Oportunismo

Existe a tentação de se utilizarem as marcas em todos os produtos, e, em muitos casos, esse processo pode ter uma dose de oportunismo. Quantas vezes não escutamos que, como a marca é forte, conhecida e com bons padrões de qualidade, tem uma extensão natural para vários segmentos? Não sou de maneira alguma contra a extensão de marcas para outras categorias; apenas enfatizo que, em alguns casos, pode ser um atentado muito grande à identidade e à essência da marca.

Peguemos, por exemplo, o caso da Harley-Davidson, que, em seu processo de expansão para outras categorias, decide lançar um perfume. O maior problema é que os clientes de Harley-Davidson não são simplesmente leais à marca. Eles são, em suma, amantes da marca; estão em uma relação bastante emocional, a ponto de se sentirem proprietários dela. Harley-Davidson, para eles, é um jeito de ser e reflete seus valores e sua forma de pensar – os clientes chegam a tatuar a marca em seu corpo. Vale a pena lembrar que a própria Harley-Davidson quase quebrou, para somente conseguir se reerguer por conta de um MBO – Management Buy-Out.[10]

A seguir, reproduzo um diálogo entre uma fanática pela marca Harley-
-Davidson (Tinker) com um vendedor na época do lançamento do perfume:

Tinker – "Você tem o último xampu licenciado da marca Harley-Davidson?"
Vendedor – "Xampu?"
Tinker – "Sim, aquele que tem o cheiro e a aparência de um óleo lubrificante, assim, deixa meu
cabelo mais macio."

Muito rapidamente, a empresa descontinuou esse produto. Hoje, toma muito
cuidado com os atributos da marca, como força, masculinidade e rudeza.

Outro caso também interessante é a comercialização de sanduíches frios nas
lojas Starbucks, nos Estados Unidos. A ideia era transformar as lojas em uma
verdadeira rede *fast-food*. Contudo, seu posicionamento original e sua identidade
consistiam em ser a melhor opção entre trabalho e casa. Assim, naquele tradicional
ponto com o aroma acolhedor do café, agora era possível sentir cheiro de comida,
subvertendo a essência da marca.

2.5.3 Idealismo

Um problema muito grande ocorre quando a marca se posiciona e comunica
muito mais do que pode entregar, justamente a um consumidor que está cada vez
mais "vacinado" contra propagandas exageradas. Isso acontece também quando a
empresa se deixa seduzir por uma proposta de valor tentadora e que, segundo seu
conceito, é bastante diferenciadora, porém está longe do que é a percepção de seus
públicos e também da capacidade real de entrega em todos os pontos de contato
da marca.

Isso ocorreu no Brasil com o recente posicionamento da marca Unibanco, que
se colocava como um "banco que nem parece banco". A proposta era, de fato,
bastante relevante, pois, no mundo inteiro, os bancos sofrem muito com uma
percepção equivocada ou uma imagem bastante ruim.

Naquele momento, o mercado de instituições financeiras já contava com
marcas muito bem posicionadas – o Banco Real, com sustentabilidade; o Bradesco,
com capilaridade, parceria e solidez; o Banco do Brasil, com parceria e brasilidade;
e o Itaú, com percepção de atendimento, banco eletrônico e de engenheiros – e
cada uma tinha um espaço bem definido na mente das pessoas. A tarefa do
Unibanco não era simples.

O caminho foi ousado. Se a organização acompanhasse esse posicionamento e
a entrega fosse alinhada, seria uma proposta realmente tentadora, porém haveria

um risco muito grande, já que, se nos pontos de contato a organização não estivesse pronta para entregar a promessa, poderia parecer apenas uma declaração vazia. Mas que pontos de contato são esses?

1. Atendimento – O que se esperaria de um banco que nem parece banco? Um atendimento personalizado, sem filas e com o máximo de atenção por parte dos atendentes. Será que o atendimento supriria essa expectativa?
2. Produtos – O mix de produtos de um banco que nem parece banco deveria ser diferenciado, com produtos adequados à necessidade dos clientes, bem distintos dos encontrados na concorrência. Isso seria encontrado no banco?
3. Canal – Agências, ATMs (caixas eletrônicos) e internet banking seriam diferentes dos outros bancos?

Uma percepção se torna concreta quando, com consistência e em todas as experiências que temos com a marca, existe a superação da promessa da própria marca. Vale lembrar que tendemos a guardar as experiências negativas em detrimento das positivas.

Foi interessante notar que, em 2006, ano do lançamento do posicionamento, os clientes reagiram de forma extremamente positiva, conforme demonstra o gráfico a seguir, que adota uma das medidas de força de marca utilizadas pela Millward Brown.[11] Vemos que, em 2006, existiu evolução no Brand Voltage, porém, em 2007, verificou-se queda nesse parâmetro.

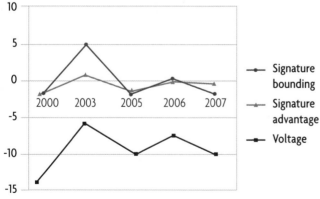

- Signature bounding: conversão em consumidores leais em relação à média de mercado.
- Signature advantage: conversão de *performance* em vantagem competitiva em relação à média de mercado.
- Voltage: sumarização do formato de pirâmide – como a pirâmide converte presença em lealdade em relação à média do mercado.

Fonte: Ranking das marcas brasileiras mais valiosas 2008/BrandZ 2008.

Capítulo 3

Posicionamento da marca

> "Então o que é posicionamento de marca? Se a marca é essencialmente uma percepção do consumidor, o posicionamento é um processo pelo qual a empresa oferece a marca ao consumidor."
>
> – DAVID ARNOLD[1]
> THE HANDBOOK OF BRAND MANAGEMENT

3.1 O que é posicionamento da marca?

Assim como fizemos com a definição de branding, buscamos na literatura algumas referências sobre o tema Posicionamento de Marca.

> O objetivo da estratégia é gerar vantagem competitiva sustentável, que pode vir de qualquer parte da organização. O mercado é o juiz dessa vantagem. Estratégia de marca é o processo pelo qual a oferta é colocada na mente do consumidor para criar a percepção de vantagem competitiva.

Essa definição de Arnold talvez seja simples, mas é extremamente objetiva e ampla, pois o processo com o qual a empresa oferece sua marca ao consumidor não se limita à propaganda ou à comunicação, mas abrange todos os pontos de contato com a marca – atendimento, canal, serviços, pós-vendas, internet, blogs, Twitter, formadores de opinião, sociedade, entre outros.

Estruturado, esse processo pode gerar percepção um pouco semelhante à definição de branding – percepção de consumidores.

> Formatos e terminologia para apresentarmos o posicionamento podem variar de indústria para indústria, mas alguns componentes são vistos como críticos:

1. Uma breve descrição dos consumidores-alvo.
2. Algumas características que os identificam, demográficas ou psicográficas. Essas características-alvo são tipicamente selecionadas com base na categoria (indústria) e na utilização da marca.
3. Uma declaração dos objetivos que serão oferecidos aos públicos da marca, muitas vezes citados como ferramenta de referência (*frame of reference*). Esta pode ser um guia para a escolha de alvos, ao permitir identificar onde, quando e como a marca é utilizada.
4. Uma definição clara de por que a marca é superior a seus concorrentes na ferramenta de referência (*point of difference*).
5. A definição clara das razões de crença (*reasons of believe*). Esse elemento final é mais importante quando o posicionamento é relativamente abstrato.

Segundo a definição de Tybout & Sternthal,[2] o posicionamento deve apresentar uma breve descrição dos consumidores e objetivos, bem como identificar os diferenciais competitivos da empresa. O trabalho dos autores traz, ainda, uma explicação interessante sobre as razões para as pessoas acreditarem que determinado posicionamento é factível e que, de fato, será entregue pela marca em todos os pontos de contato.

Ainda de acordo com o texto citado, o posicionamento também deve ser referência para a utilização da marca. Em alguns casos, deve suportar inclusive o patrocínio de um evento, o nível de endosso da marca em produtos... enfim, todas as aplicações e usos da marca.

Posicionamento de marca é parte da identidade da marca e da proposta de valor que será ativamente comunicada para a audiência-alvo e que demonstra as vantagens sobre os competidores...

... o posicionamento de marca deve remeter a quatro pontos:
1. Quais elementos da identidade da marca e da proposta de valor deveriam ser parte do posicionamento e parte do programa de comunicação ativa?
2. Qual seria a audiência primária? E a secundária?
3. Quais são os objetivos da comunicação? A imagem atual precisa ser ajustada? Existem lacunas em relação ao posicionamento?
4. Quais serão os pontos de diferenciação da marca?

Segundo Aaker,[3] o posicionamento de marca deve partir da identidade da marca. Sua proposta tem de ser diferenciada, única e comunicada para o público-alvo, deixando muito claras as vantagens em relação aos principais concorrentes.

Em alguns casos, o próprio autor destaca que o posicionamento de marca pode ser exatamente a identidade da marca, porém, na maioria dos casos, há necessidade de o posicionamento enfatizar parte da identidade. O ponto importante são o foco e a consistência. O autor menciona que o posicionamento de marca pode sofrer alterações. Contudo, sua identidade jamais pode ser alterada.

> Posicionar uma marca significa enfatizar as características distintivas que a tornam diferente de outra perante o público. Esse posicionamento é obtido por um processo analítico que responde às seguintes questões:
> 1. Uma marca para qual benefício? Isso se refere à promessa da marca e aos benefícios que ela entrega a seus consumidores.
> 2. Uma marca para quem? Isso se refere a alvo.
> 3. Razão? Refere-se aos elementos – factuais ou subjetivos – que suportam o benefício entregue.
> 4. A marca contra quem? No contexto competitivo de hoje, isso se refere ao principal concorrente.

Essa definição de Kapferer[4] complementa muito bem as outras definições e dá foco para os diferenciais e a entrega, assim como busca explicitar o público-alvo e o contexto competitivo.

Sobre posicionamento de marca, um dos pontos importantes a se ter em mente é o timing – ou ciclo de vida das marcas –, conforme ilustra o gráfico a seguir, adaptado de Kapferer.[5]

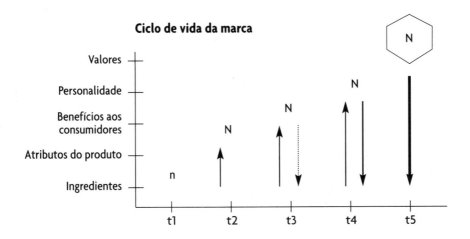

Um ponto bastante enfatizado pelo autor é o ciclo de vida e seu timing. Kapferer menciona que a marca não surge do nada. Em muitos casos, decorre de ingredientes e atributos de produto fortes. Um exemplo que costumo utilizar é o da construção de uma marca como a LG no Brasil.

A LG iniciou suas operações como uma empresa coreana, o que, no passado, era tido como sinônimo de produtos de procedência duvidosa. Quando os carros japoneses chegaram aos Estados Unidos, no início de década de 1980, ocorreu o mesmo. Mas como a empresa conseguiu construir uma boa percepção? Primeiro, com a entrega de produtos de altíssima tecnologia, com televisores de alto padrão de qualidade. Em seguida, lançou uma série de outros produtos. Também uma máquina de lavar foi exposta em magazines de altíssima tecnologia. Assim, a primeira etapa foi o convencimento das pessoas, por meio do uso de algo muito tangível, que são os produtos – o que, no gráfico da página anterior, chamamos de instantes t2 e t3. É a fase em que o produto dá origem à marca ou a experiência tangível começa a criar uma percepção de marca.

Já no instante t4, ela passa a ter personalidade perante os consumidores, ao instituir alguns atributos e associações em razão da consistência de entrega. Nessa etapa, o relacionamento com assistências técnicas e o canal é muito importante, bem como com seus consumidores mais leais. É um momento em que o relacionamento reforça inclusive os atributos mais físicos e tangíveis.

No instante t5, a marca cria a percepção de que tudo o que produz tem os atributos da marca, e o prisma de identidade faz parte do posicionamento efetivo desta. É quando o posicionamento e a identidade se confundem, como no caso da Nike ou da Apple, com seus posicionamentos muito claros. Essa última fase faz com que os atributos de natureza emocional sejam parte de qualquer ponto de contato – e também da maneira como a marca se relaciona com seus públicos.

Esse ciclo de vida é parte vital na articulação do posicionamento de marca, pois os atributos jamais são excludentes. Eles são, na verdade, evoluções que agregam as etapas anteriores do ciclo de vida. Portanto, devemos ter bem claro que, ao articularmos um posicionamento de marca com base em atributos de relacionamento, jamais podemos menosprezar os atributos físicos e tangíveis; ou quando articulamos um posicionamento com base em atributos emocionais, não estamos de modo algum menosprezando os atributos físicos e de relacionamento.

Segundo nosso entendimento, a definição do posicionamento de uma marca deve ser uma declaração que descreverá:

1. Audiência: para quem essa marca se destina e qual é a audiência-alvo?
2. Negócio: qual é o negócio da marca e qual é seu papel no sucesso da empresa?
3. Entrega: qual benefício a marca é capaz de entregar?
4. Diferencial: qual é o principal diferencial da marca?
5. Principais lacunas do posicionamento.

Audiência é um ponto extremamente importante, pois muitos tendem a limitar por características geográficas ou psicográficas. Entretanto, além do consumidor final, a marca conta com vários públicos estratégicos (formadores de opinião, fornecedores, capital humano, clientes, sociedade etc.) e, em muitos casos, a marca, a despeito de ser consistente com seu posicionamento, tem um tom distinto para cada um deles.

O negócio também pode ser confundido com algo simples, mas, definitivamente, não é. Certa vez, em 2005, entrevistei um dos primeiros executivos da Oi. Ele me disse que seu negócio não era telecomunicação, mas, sim, comunicação. Simplesmente retirar o "tele" fez grande diferença, pois, como telecomunicação, os concorrentes da Oi eram Claro, Vivo etc. Como comunicação, os concorrentes eram Globo, Google, Microsoft. Se o diferencial é em relação aos concorrentes, qual era o concorrente? Em que mercado a marca estava inserida? Em outra ocasião, quando estávamos avaliando a marca *Veja*, quem seria o concorrente? Seria *IstoÉ*, *Época*? Ou seria o *Estado de S. Paulo* ou até mesmo o Jornal Nacional? Hoje, com o contexto de convergência, quem é concorrente de quem?

O que, de fato, a marca consegue entregar envolve a análise dos pontos fortes e fracos da empresa sob a perceptiva interna, ou seja, seus diferenciais competitivos internos – ou aquilo que gera valor para o acionista, conforme mencionado no Capítulo 2. Assim, quais são, de fato, os atributos ou pontos fortes que podemos, com certeza, entregar a nossos públicos?

O que faz com que a marca seja percebida como diferente é a análise dos diferenciais competitivos percebidos pelo público externo, ou seja, o valor extraído.

Por fim, nossa recomendação de posicionamento sempre é acompanhada das lacunas de posicionamento. Esse item nos fornece uma ferramenta para implementar os *brand scorecards*, que são sistemas de métrica para o monitoramento da efetividade do posicionamento.

O posicionamento de marca deve ter as seguintes características:

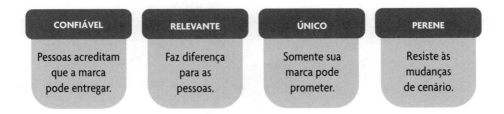

3.2 Como articular o posicionamento da marca?

Com base no diagnóstico de marca ou na revelação da identidade de marca, passamos à articulação de seu posicionamento. Uma forma de se estabelecer esse processo é apresentada no gráfico a seguir:

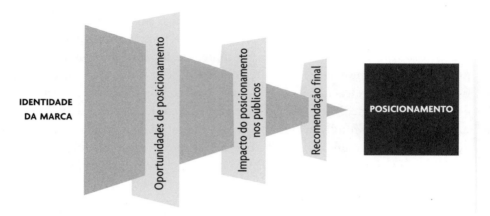

Fundamentando-se nos achados da identidade da marca e em sua atual percepção – que, como já foi dito, é um reflexo da cultura e do jeito de ser da marca –, articular oportunidades de posicionamento seria, em um primeiro passo, definir as oportunidades de posicionamento.

Uma abordagem que normalmente utilizamos é avaliar as três dimensões a seguir:

3.2.1 Estratégia de negócio

É conveniente ressaltar que, nesta etapa, já teríamos revelado a identidade da marca e os atributos tangíveis e intangíveis de seus públicos internos e externos. Nesse ponto, questionamos a empresa sobre sua visão de longo prazo, ou seja, para onde a organização deve caminhar e, principalmente, quais são seus mapas estratégicos em cada segmento ou como cada segmento deve contribuir para o longo prazo da corporação.

Nessa visão, incluem-se, por exemplo, os possíveis cenários de longo prazo da corporação: "Quais são os novos mercados?", "A empresa pretende ser global?", "A empresa busca entrar em novos segmentos?".

Em 1998, trabalhei para um dos principais grupos de energia, a Inepar. Naquela época, a empresa era liderada por Atilano de Ohms. Em seu início, ela fornecia materiais elétricos para uma usina hidrelétrica. Com o passar do tempo, a empresa conectou seus produtos e se transformou em provedora de um conjunto de equipamentos, ou seja, agregava, de alguma maneira, serviços de engenharia. Contudo, a visão de negócios da Inepar não se limitava a esse conjunto de produtos. A visão da empresa era a de provedora de soluções integradas, incluindo-se, aí, a engenharia financeira – que, inclusive, cobrava do cliente com base em uma taxa de *performance*.

Pense, por exemplo, em uma usina hidrelétrica. No caso de Itaipu, a usina, no passado, comprava equipamentos eletrônicos. Com a Inepar, a Itaipu contratava um trabalho que era uma taxa de *performance*, em decorrência da redução de perda de energia elétrica. Ao final, para a usina, era menor a necessidade de investimentos em capital (os famosos CapEx). À Inepar cabia a criatividade de soluções de negócio para seus clientes, o que também demandava planejamento financeiro de altíssimo nível em 1988, justamente no auge do desenvolvimento de infraestrutura e telecomunicações – dois focos da empresa. Durante uma de minhas aulas, um aluno da FGV-SP mencionou que esse modelo é bastante semelhante ao modelo de gestão da General Electric (GE).

Em 2007, assessorei uma empresa muito interessante e desconhecida do mercado, a Gravames, a qual se tornara famosa pela solução de desburocratização do registro de veículos, por meio de um sistema denominado Gravames. Este propicia um cadastro único que verifica se o veículo está ou não alienado a uma financeira. Esse sistema foi fundamental para que as empresas e os bancos viabilizassem o segmento de financiamento de carros, porém, muito mais do que essa visão, a empresa entendia haver potencial para a concepção de sistemas, processos e procedimentos, a fim de reduzir a burocratização que tanto nos afeta no dia a dia. A Gravames, portanto, tinha como visão clara que seu negócio não era a operação de um sistema concebido, mas a concepção de sistemas que facilitem a vida das pessoas. Hoje a empresa usa a marca GRV Solutions.

Assessorei também a RPC – Rede Paranaense de Comunicação, que tem uma das mais interessantes visões de negócio. A empresa possui as marcas RPCTV (transmissora da Rede Globo para o Paraná), *Gazeta do Povo*, *JL* (Jornal de Londrina), Rádio 98, entre outras, e entendia existir para prover informações e conteúdo por meio de seus veículos, colaborando para o engrandecimento pessoal, o que também contribui para aperfeiçoar a sociedade, em uma espécie de ciclo virtuoso.

Prestei consultoria, em 1999, a um dos maiores empresários do Brasil, Rubens Ometo. Fizemos, naquele ano, a avaliação da Cosan para a formação da FBA (Franco-Brasil Açúcar), a fim de auxiliar a operação com a Union SDA.[6] Ele estava certo de que a captação era realizada para formar um dos maiores grupos de açúcar e álcool do Brasil. Na verdade, era uma associação para investir no próprio negócio.

Sua clara visão de negócios fez a Cosan se transformar em potência não somente em açúcar – que já seria uma grande realização –, mas também no segmento de energia como um todo. Recentemente, ele criou uma joint venture com a Shell e adquiriu a Esso no Brasil.

Outro bom exemplo é a visão de negócios da AmBev, a qual assessorei em 1997 na ocasião da compra da Antarctica. Na época, a AmBev tinha somente as marcas Brahma e Skol, com um posicionamento ainda não muito claro. Sua visão era "ser uma das maiores empresas de bebidas do mundo".

Em 2009, a AmBev se consolidou como a maior empresa do mundo. A visão de negócios, no mínimo, audaciosa foi concretizada com muita disciplina e competência pelos executivos da corporação.

As organizações fortes sempre contam com uma estratégia de negócios muito clara e definida, com missão e visão disseminadas de forma cristalina pela cultura da empresa. Esse correto entendimento é a primeira etapa do processo de definição de eventuais alternativas de posicionamento.

3.2.2 Diferenciais competitivos

Um dos pontos mais importantes e conceituais dessa definição de branding é que a marca tem de ser, necessariamente, construída de dentro para fora – e a análise dos diferenciais competitivos internos existentes é muito relevante para o posicionamento da marca. Deve-se entender, de maneira muito clara e analítica, o que, de fato, a organização é capaz de oferecer e tem competência de entregar.

A partir daí, deve-se observar a percepção do público externo e verificar quais marcas se apropriaram de um conjunto de atributos que gostaríamos de ter relacionados a nossa marca.

Para tanto, conforme já foi demonstrado, é muito comum, no início, a utilização do prisma de identidade para entender um pouco a cultura da marca, seus princípios e valores.

Um ponto importante é revelar, de maneira inequívoca, as vantagens competitivas da empresa na perspectiva de geração de valor de intangíveis (ou seja, capital humano, investimento em P&D, diretrizes de treinamento, estratégia de lançamento de produtos, sistemas de distribuição e produção, sistemas de garantia de qualidade e de relacionamento). Em muitas situações, a empresa tem até um investimento representativo nesses itens, porém:

1. Em alguns casos, a marca não consegue ter seus atributos percebidos de maneira correta na avaliação dos públicos externos, ou seja, alguém com menor competência ou menos forte na entrega se apropriou, de alguma maneira, desses atributos. Em outros casos, a marca conta com uma série de atributos ou diferenciais, entretanto o concorrente se "apropria" dessa percepção.
2. Às vezes, o público externo até percebe algum atributo, porém este é irrelevante no processo de escolha da marca. Por exemplo, o caso da Quaker, mencionado no Capítulo 1, demonstrou que a Snaple seria a terceira bebida mais consumida. Qual é a relevância desse fato para os consumidores de Snaple? Na verdade, ocorre o inverso.

Um exemplo que ocorreu comigo foi quando tive de escolher uma escola para matricular meu filho Dudu, então com 3 anos. Todos sabem a importância desse momento, por tudo o que representa – principalmente, no meu caso, sendo o primeiro filho. Eu buscava segurança, traduzida na forma de certeza de que Dudu não teria problemas e que os valores da escola estariam alinhados aos meus. (Preço não era um atributo, pois considerava optar por um estabelecimento de ensino em que meu filho permanecesse até o nível médio.)

Fui chamado para uma reunião de integração entre os pais, na qual a escola anunciava sua fusão com outro estabelecimento de ensino. Fiquei imediatamente preocupado, pois toda fusão demanda confusão (sou engenheiro e, como mencionado, a entropia[7] do sistema tenderia a aumentar).

Em determinado momento, pedi licença. Obviamente, iria analisar o ambiente em que meu filho estaria inserido. Fui ao banheiro, e o problema era que ele estava bem bagunçado, sujo, para dizer o mínimo.

Voltei à reunião e fiquei ainda mais impressionado com a declaração de um pai, que agradecia a existência da escola, pois podia se "livrar do filho nos dias de semana". Valores não se julgam, mas, definitivamente, não era aquele o lugar ideal para meu filho.

Vale destacar que, durante a reunião, foi apresentado a todos um atributo absolutamente irrelevante: a fusão. Na verdade, para mim, isso era até uma grande preocupação, pois já vivi algumas fusões. No processo de decisão da escola para meu filho Dudu, o que menos me interessava era saber se ela pertencia ou não a um grande grupo. Em alguns casos, o "grande" pode até assustar, principalmente quando o que se busca é o inverso. A comunicação de algo maior, ou de uma fusão, às vezes é tentadora, outras vezes pode ser bastante prejudicial ao negócio.

Resultado: meu filho não foi matriculado nessa escola.

3.2.3 Necessidade dos públicos estratégicos

Ao transferirmos os atributos para cada uma das marcas, é possível determinar aqueles que hoje já estão sendo captados por algum concorrente, bem como aqueles que são relevantes e dos quais nenhum concorrente está se apropriando. É o caso das necessidades relevantes do público, das quais nenhum concorrente pode se apropriar.

3.3 Matriz de atributos: uma ferramenta para se implementar a estratégia de marcas

Seguindo a lógica do processo de estratégia de marca, em alguns casos fica clara a necessidade de algumas ferramentas. A chamada matriz de atributos é uma ferramenta importante para implementação da estratégia em diversos públicos, conforme ilustra figura na página ao lado.

De acordo com um posicionamento de marca, em que são articulados os principais atributos para a marca, estes devem ser desdobrados em atributos específicos para os públicos estratégicos, como uma empresa que atua no segmento de consultoria ou serviços. Os atributos a ser potencializados para os clientes devem estar muito alinhados com os atributos da marca, bem como com os formadores de opinião e a imprensa. Entretanto, em alguns casos, pode haver atributos um pouco mais específicos, como os de uma linguagem para os formadores de opinião, conforme ilustra a segunda figura a seguir:

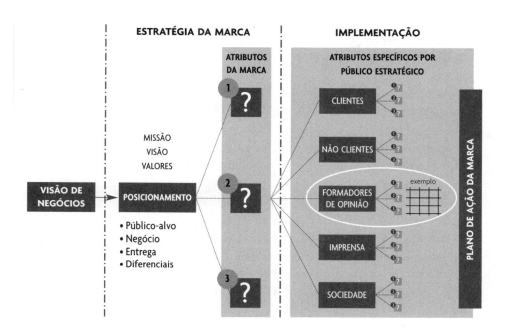

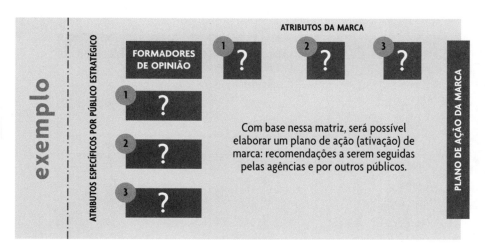

Com base nessa matriz, o processo de elaboração de *brand book* – uma ferramenta importante para a implementação do posicionamento – fica bastante facilitado, bem como a condução de workshops de alinhamento do posicionamento de marcas.

Assim, temos a disseminação desse conceito com a organização e, corretamente, suportamos a implementação de um programa de branding na organização.

3.4 Um pouco sobre desafio de marcas em um ambiente global: o Glocal (Think Global, Act Local)

Em relação ao tema posicionamento de marca, creio que uma das melhores referências seja o livro *The Global Brand*, de Nigel Hollis.

No livro, Hollis, vice-presidente executivo da Millward Brown, descreve aspectos importantes do processo apresentado aqui, passando, principalmente, pelo desafio que as empresas globais e locais atualmente enfrentam.

Pense na marca Guinness. Agora, tente imaginar qual é o segundo país que mais vende essa cerveja no mundo. Acertou quem disse Nigéria. Esse é um excelente exemplo de marcas globais que atuam localmente para melhorar os resultados.

A cada dia, mais empresas mundiais investem em estratégias locais que buscam entender as necessidades e os atributos de cada mercado em que estão inseridas. Assim, muitas corporações tornam-se verdadeiros ícones da cultura dos consumidores.

Podemos olhar para o ranking publicado das marcas globais mais valiosas, pela consultoria Millward Brown Optimor, no jornal *Financial Times*, em 29 de abril de 2009. Além das tradicionais Google e Coca-Cola, figura também a China Mobile, maior operadora de celulares do mundo em números de assinantes.

Nº	Marca	Valor da marca 2008 (US$ Mil)	Valor 1/2007 (%)
1	Google	86.057	30
2	GE	71.379	15
3	Microsoft	70.887	29
4	Coca-Cola	58.208	17
5	China Mobile	57.225	39
6	IBM	55.335	65
7	Apple	55.206	123
8	McDonald's	49.499	49
9	Nokia	43.975	39
10	Marlboro	37.324	-5

Fonte: *Financial Times*, 29 de abril de 2009.

Contudo, seria a China Mobile um caso isolado? Das 10 mil marcas pesquisadas na maior base disponível no mercado sobre relacionamento entre consumidores e marcas – a BrandZ (pesquisa de mercado da Millward Brown realizada com mais de 1 milhão de entrevistados no mundo inteiro) –, constata-se que 84% delas são locais.

De acordo com o mesmo estudo, as marcas locais apresentam um nível de fidelidade bem maior do que os estabelecidos com as multinacionais.

Diante dessa análise, Hollis recomenda alguns pontos importantes para o processo de gestão de marcas:

1. Procure adaptar seus produtos e serviços para atender às necessidades locais, assim como fizeram Nestlé, McDonald's e Coca-Cola.
2. Solucione a equação de valor local por meio de estratégias de produto e preço. Como exemplo, vejamos a estratégia do OMO, que, para atender às classes inferiores, produziu o "OMO Tanquinho", um produto que utiliza a mesma água para realizar três enxágues.
3. Crie forte presença e identidade distintiva – o Google trabalha uma identidade muito clara.
4. Adote políticas pós-venda mais agressivas – não apenas com marketing de relacionamento, mas também ao entender todos os pontos de contato pós-venda. O CMO da P&G – Marc Pritchard – dizia que existem dois momentos da verdade para o consumidor: o primeiro é a decisão da compra; o outro é quando ele utiliza o produto. Como mais um exemplo, cito o pós-venda de um veículo – em geral, o atendimento prestado por muitas montadoras deixa a desejar.
5. Aproxime-se da cultura local na medida do possível – o patrocínio da Coca-Cola a Parintins, tradicional evento da região Norte do Brasil; o da Petrobras a eventos culturais na Argentina, bem como o investimento em equipes de futebol são bons exemplos de ações que contribuem para uma percepção local mais forte de empresas internacionais e nacionais.

Definitivamente, nossas ações devem basear-se em duas frases extraídas da obra de Hollis. Conforme mencionado, esses conceitos são de grande valia para quem atualmente lida com a mudança:

"Não há nada igual a um consumidor global."
— PETER BRABECK-LETMATHE, CHAIRMAN & CEO DA NESTLÉ S.A., 2007.

"As pessoas compram localmente. Ganhar o mercado local é o primeiro passo para o sucesso mundial."
— TONY PALMER, CMO, KIMBERLY-CLARK CORPORATION, 2008.

Capítulo 4

Revolução do valor da marca

"Nosso nome é um de nossos ativos mais valiosos. Ajuda-nos a abrir portas, atrai pessoas talentosas, nos diferencia e é a reafirmação da garantia de nossas habilidades técnicas."
– ROLLS ROYCE (JUNHO DE 2010)

4.1 Revolução do valor da marca ontem: quanto vale?

No fim da década de 1980, inúmeras operações de compra e venda de empresas eram realizadas com um valor muito superior ao do patrimônio líquido contábil, ou seja, havia um valor da operação que superava o dos ativos tangíveis e que era justificado pela metodologia do fluxo de caixa descontado.[1] A diferença entre o valor econômico obtido com o fluxo de caixa descontado e o valor patrimonial era o chamado valor do ativo intangível.

Entre os ativos intangíveis mais importantes, estava a marca, representada por meio da relação pela qual alguns "ícones" se relacionavam com seus consumidores, criando forte nível de lealdade.

O mercado financeiro interpretava que marcas fortes ou "ícones" possuíam basicamente três alavancas de valor agregado, as quais serão detalhadas no Capítulo 6, item 6.3:

1. Possibilitam a prática de um prêmio de preços aceitável[2]
2. Geram expectativas de demanda mais estáveis[3]
3. Propiciam menores custos operacionais e de capital, como vantagem competitiva[4]

Naquele momento (final da década de 1980), desenvolveu-se uma metodologia de avaliação de marcas pela qual, com base nos tradicionais modelos de avaliação de empresas, separava-se o valor da marca do valor da empresa.

Uma das maiores virtudes dessa metodologia era partir de um modelo de avaliação de empresas bastante conhecido pelo mercado financeiro: fluxo de caixa descontado.

O princípio desse modelo está fundamentado nas vendas da empresa, propulsoras da estrutura operacional, de investimentos, tecnologia etc. Dessa forma, os motivos pelos quais essa venda ocorreu são mapeados no que denominamos Processo de Decisão de Compra do Consumidor, ou seja, nos diferenciais competitivos da empresa percebidos no momento em que um consumidor escolhe o produto da marca em detrimento dos concorrentes. Desses diferenciais, extrai-se a parcela da marca em relação aos outros ativos intangíveis.

Assim, decompomos o valor dos ativos intangíveis da empresa: marca, capital humano, tecnologia, base de clientes, patentes, sistema de distribuição, produtos, entre muitos outros.

O mercado começa a utilizar o valor da marca exclusivamente como um número em operações de compra e venda de empresa, licenciamento de marcas, securitização de marcas[5] e joint ventures. Assim, o que importa é unicamente o valor.

4.2 Revolução do valor da marca hoje: o que se mede se gerencia!

Com a difusão desse conceito por diversas empresas, o tema Marcas ganha dimensão que extrapola as ações da área de marketing – além de simplesmente um trabalho criativo de uma agência de publicidade, por exemplo. A marca, mais do que isso, transforma-se em uma meta a ser perseguida pelas organizações, tornando-se sistemas de métricas ou brand scorecards.

É comum que as organizações monitorem as percepções da marca e, com sofisticados modelos, consigam entender, por meio de uma análise causa-efeito, um modelo eficiente de gestão do valor da marca – em alguns casos, em cada segmento de atuação da empresa. Esses painéis de controle monitoram as dimensões financeiras, de percepção do mercado, de objetivos estratégicos e de força de marca.

Mais do que isso, hoje utiliza-se o valor da marca para apoiar decisões de ROI de comunicação.

Normalmente, o ROI de comunicação media o impacto de curto prazo nas vendas das empresas. Esses modelos são baseados em dados econométricos de séries temporais, que analisam a causa e o efeito de curto prazo nas vendas de ações de comunicação. Por exemplo, com o uso de modelos econométricos, é possível estimar o impacto nas vendas de determinada ação, seja uma propaganda, seja uma ação de ponto de venda, e assim por diante. O problema dessas estimativas é que são de curto prazo – geralmente de um horizonte anual.

Em diversas campanhas de comunicação, o que se busca não é simplesmente uma ativação imediata em venda, mas a construção de uma imagem de longo prazo. Por exemplo, no caso da Petrobras, quando patrocinou a Fórmula 1, será que seu objetivo era exclusivamente geração de vendas? Não seria, talvez, gerar uma imagem de tecnologia que, junto com outras ações (como o lançamento da gasolina Podium), cria uma percepção de marca? Nesse sentido, utilizamos hoje o valor da marca como métrica que complementa a visão de curto prazo que, ao final, serve para otimizar os investimentos em comunicação, maximizando o portfólio de investimentos da empresa.

Sendo assim, o que se mede se gerencia! Mais importante do que saber quanto vale uma marca é estabelecer um *tracking* para o monitoramento dos direcionadores de valor da marca.

4.3 Revolução do valor da marca amanhã: o que se gerencia se capitaliza!

A premissa de que o processo de geração de vendas da empresa é um gerador de valor importante continua sendo vital. Ela representa grande parte do processo de geração de valor da empresa, porém a percepção dos investidores hoje desempenha papel fundamental. No caso do Brasil, especificamente, isso ocorre na mesma medida em que as empresas estão cada vez mais abertas ou possuem a crescente intenção de abrir capital.

Cada vez mais, os estudos de percepção de investidor trazem resultados importantes para as empresas entenderem e monitorarem as lacunas entre o valor econômico e o valor de mercado, conforme ilustra a figura a seguir.

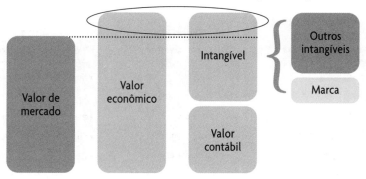

Valor econômico – Obtido pelo fluxo de caixa descontado da empresa.
Valor de mercado – *Market capizalization*.

Minimizar as lacunas de valor mencionadas pode ser fator crítico para o desempenho do papel (preço da ação) e, por consequência, do acionista.

Uma boa alternativa é utilizar o aprendizado obtido em inúmeras ferramentas de gestão do consumidor para aplicá-lo à gestão da percepção do investidor. Para os investidores, ferramentas como o brand scorecard podem ser alternativa interessante, porém, este deveria, na verdade, conter as métricas de reputação em conjunto não somente com o consumidor final (como faz hoje), mas, principalmente, com os investidores, os colaboradores, os fornecedores, a sociedade, enfim, os públicos estratégicos.

Aplicar também nosso aprendizado dos modelos de ROI para outros públicos estratégicos além do consumidor pode nos fornecer subsídios para entendermos, por exemplo, o valor agregado de ações de responsabilidade social e sustentabilidade da empresa.

Entender nossos aprendizados obtidos na gestão de branding com o consumidor para outros públicos – investidor e demais – pode gerar valor agregado muito importante. Na verdade, o valor da marca, além de auxiliar na gestão, é capaz de capitalizar ainda mais o valor dos ativos intangíveis.

4.4 Aplicações de valor da marca

Usos de valor da marca – Por que avaliar a marca?

A seguir, apresenta-se um resumo das avaliações de marca, separadas em três grandes grupos. Ele irá nos ajudar a compreender mais a fundo o uso das ferramentas em cada um desses grupos.

Grupo 1 Transações financeiras	Grupo 2 Suporte a decisões	Grupo 3 Sistema de métricas
• Fusões e aquisições	• Guia para estratégia de marca	• Monitoramento do valor da marca
• Inclusão em balanços patrimoniais	• Alocação de orçamento de comunicação	• Benchmarking competitivo
• Secutirização de marcas	• Arquitetura de marcas	• Efetividade do marketing
• Licenciamento de marcas	• Extensão de marcas	• Desenvolvimento dos scorecards da marca
• Joint ventures		

Grupo 1: Transações financeiras – Fusões e aquisições, inclusão em balanços patrimoniais, securitização de marcas, licenciamento de marcas e joint ventures

Como já mencionado, essa metodologia foi desenvolvida no final da década de 1980 para, inicialmente, abranger transações financeiras. O método pelo uso econômico virou referência no mercado e é utilizado para:

1. **Fusões e aquisições** – Atualmente, o mercado entende que marcas são ativos valiosos, sendo que o valor da marca cada vez mais interfere nas operações de fusões e aquisições. Alguns exemplos:
   a. O mercado financeiro brasileiro viu o Bradesco adquirir a operação e o direito ao uso da marca American Express por dez anos. E se, eventualmente, o Bradesco tivesse adquirido somente a operação (base de clientes, capital humano etc.) e não a marca? Qual seria o possível efeito dessa configuração na determinação final do valor da operação?
   b. Existem operações em que os vendedores ficam com a marca e cobram uma taxa de royalty do comprador. Um bom exemplo disso foi a aquisição da DKNY pela LVMH (Louis Vuitton Moët Hennessy).
   c. Em alguns casos, o comprador adquire uma marca e quer entender as sinergias para suas operações e possíveis inconsistências com seu atual negócio. Nesse tipo de quantificação, é absolutamente crítico o entendimento correto do valor da marca e de seus atributos.
   d. Quando o vendedor possui uma marca e necessita buscar investidores, o processo de avaliação de marca se revela bastante útil, uma vez que é capaz de mostrar aos interessados, em uma linguagem de negócios, o real valor do ativo.
2. **Inclusão em balanços patrimoniais** – Mais uma vez, torna-se necessário enfatizar que em NENHUM LUGAR DO MUNDO as marcas geradas internamente podem ter seu valor obtido pelo método do uso econômico registrado em balanços patrimoniais. A inclusão de valor da marca em balanços patrimoniais PODE ser efetuada no caso de compra de empresas, fazendo parte do fundo de comércio da empresa, regulamentado pelo Financial Accounting Standards Board (FASB)[6] 141 e 142. Esse ponto será abordado em mais detalhes no Capítulo 5.
3. **Securitização de marcas** – Já mencionamos esse ponto no Capítulo 1. O termo "securitização" tem o sentido de "estruturação de garantias para empréstimos ou financiamentos". Infelizmente, segundo Kayo,[7] os agentes financeiros ainda não reconhecem os ativos intangíveis na estruturação de operações de crédito ou de

financiamento, porém marcas são ativos valiosos e poderiam ser utilizadas como garantia de empréstimos. Já tivemos a oportunidade de assessorar diversos casos como esse, tanto no Brasil quanto no mercado internacional, e já reconhecidos nas renegociações de passivos, na Lei nº 11.101/2005.

4. **Licenciamento de marcas** – Conforme mencionado no Capítulo 2, é muito comum que uma marca internacional seja registrada em determinado país. Isso gera a necessidade de que, posteriormente, ela venha a estabelecer licenciamento para franqueados no mundo inteiro. Conforme ilustrado a seguir, a metodologia de avaliação de marcas pode suportar a determinação de uma taxa de royalty justa. Para evitar cobrança injusta de royalties que possa gerar a imagem de exploração ao licenciado ou de otimização fiscal, muitas empresas contratam uma consultoria independente para emitir um parecer sobre qual seria a taxa de royalty considerada justa.

5. **Joint ventures** – Em operações como essas, é importante a colaboração de cada marca no total da operação. E mais: o processo de avaliação de marca é bastante útil para que a administração do "dia seguinte" (*day after*) defina sua diretriz.

A marca Casa&Video foi avaliada para um processo de securitização, ao qual a marca foi um ativo dado em garantia para a operação de renegociação das dívidas. A tradicional marca Leite de Rosas também foi analisada, para dar suporte à proteção legal da marca e da corporação, e a marca Visa Vale, para uma operação de reestruturação societária ou acordo de acionistas.

Grupo 2: Suporte a decisões – Guia para estratégia de marca, alocação de orçamento de comunicação, arquitetura de marcas e extensão de marcas

Em inúmeros casos, o processo de avaliação de marcas é utilizado como diagnóstico capaz de abranger o processo de definição de estratégia, alocação de investimentos, arquitetura e extensão de marcas. Uma correta avaliação parte de uma análise detalhada dos atributos da marca, chegando à preferência e à lealdade, culminando no valor da marca, em uma linguagem financeira e de negócios.

Quando se fala em arquitetura de marcas, o *input* econômico é absolutamente fundamental. Trata-se de uma decisão que envolve dois caminhos: um é a extensão dos atributos de uma única marca (a fim de que não seja inconsistente em relação aos atuais atributos da marca); o outro é o investimento em muitas marcas (ou um portfólio de marcas).

Em geral, existem várias possíveis arquiteturas de marcas, conforme ilustrado a seguir:

INDEPENDENTE	ASSIMÉTRICA	MONOLÍTICA
• Empresas com portfólio de marcas complementares com pouca ou nenhuma conexão com a marca guarda-chuva.	**Valores da marca** ◄──────────►	• Uma única marca abrangendo um leque diverso de produtos e serviços, cada um deles com o nome descritivo de suas funções.
UNILEVER	**NESTLÉ**	**VIRGIN**

A decisão em questão envolve determinados pontos de vista:

1. Alguns argumentam que, atualmente, o espaço para as marcas na mente dos consumidores é muito disputado; portanto, é mais recomendável optar por uma arquitetura de marcas monolítica, ou seja, de uma única marca.
2. Outros criam marcas sem a noção clara do valor agregado de cada uma delas para os acionistas das empresas.

Acreditamos no meio-termo. O processo analítico, com ferramenta crível no mercado, pode ser uma solução muito interessante para as empresas, ou seja, temos de entender qual configuração de arquitetura de marcas mais agrega valor e quais são os potenciais riscos de cada configuração. A ferramenta de avaliação de marca é extremamente útil nesse sentido, dando uma base analítica e deixando os "achômetros" um pouco de lado, a fim de suportar um processo de decisão.

Em nossa experiência profissional, recentemente utilizamos a ferramenta de avaliação de marcas para apoiar a definição de uma arquitetura de marcas de uma das maiores cadeias de varejo do Brasil, como reflexo de um posicionamento global da marca, porém respeitando os aspectos e atributos locais das marcas adquiridas. Mostramos a necessidade de uma transição para a arquitetura desejada, enfatizando, principalmente, o impacto dessa decisão no valor das marcas.

Grupo 3: Sistema de métricas – Monitoramento do valor da marca, benchmarking competitivo, efetividade do marketing e desenvolvimento de scorecards da marca

Em geral, quando a empresa está por definir uma nova estratégia de marca, criada como plataforma para seu futuro, parte do processo de implementação dessa estratégia consiste em desenvolver sistemas de medição para monitorar e, assim, potencializar o valor econômico de seu portfólio de marcas.

Como consequência, a essência de qualquer sistema de avaliação e monitoramento de marca deve residir no entendimento do valor econômico que ela pode gerar para seus acionistas.

Quantificar essa cadeia de valor da marca e estabelecer o sistema de métricas ou painel de controle do branding – entendendo (e otimizando os pontos fortes e/ou minimizando as lacunas de posicionamento em relação aos concorrentes) – é algo que pode ser muito importante. Esse processo é o que denominamos brand scorecard e, em geral, sua implementação cumpre as seguintes etapas:

1. Segmentação – A definição dos segmentos pode ser geográfica, por clusters, psicográfica ou por produtos. Para cada um dos segmentos, devemos estabelecer os chamados painéis de controle.
2. Força da marca – Em cada um desses segmentos, entendemos e quantificamos itens de brand equity, como satisfação, recomendação, conhecimento, lealdade e alguns específicos, como no caso de bancos, seu uso ou aquele considerado o primeiro. Essas métricas são comparadas à marca em relação aos principais concorrentes.
3. Diferenciais no processo de compra – Por que o público estratégico opta por sua marca e não pela dos concorrentes? Quais são os atributos que diferenciam sua marca no processo de escolha? Como essa percepção é comparada à estratégia de negócios da empresa?
4. Alavancas de valor – Como esses diferenciais percebidos geram lucros econômicos para a empresa? Quais são as alavancas de valor – por exemplo: premium price, estabilidade de vendas, custos mais competitivos, menor custo de recrutamento, menor rotatividade de profissionais etc.
5. Avaliação da marca em cada segmento, análise e recomendações.

Com essa metodologia, existe a decomposição do valor da marca em cada segmento.

Este é o mapeamento estratégico da cadeia de valor da marca. Com isso, é possível explicitar, a toda a organização, o processo de construção e gestão de marcas. É muito comum que, em projetos de avaliação de marcas, sejam envolvidos, em nossos grupos, profissionais de diversas áreas:

1. Financeira
2. De vendas
3. De marketing, inteligência de mercado, comunicação
4. De produtos e/ou P&D

5. De canais
6. De relacionamento com investidores

Com esses grupos, estabelecemos workshops que, ao final:

1. Ajudam a conhecer o modelo, o que é vital para a implementação do scorecard.
2. Estabelecem planos de ação para otimizar os pontos fortes e minimizar os pontos fracos.

Com essa ferramenta, o processo de gestão da marca Bradesco foi monitorado em cada um de seus 43 segmentos, bem como foi avaliada a efetividade do posicionamento "Bem-vindo ao Clube" para a Nextel Brasil. A mesma ferramenta também foi aplicada para analisar o programa de branding na Petrobras, mais especificamente no segmento de distribuição no Brasil e na Argentina, bem como o processo pós-aquisição do Banco Real pelo Santander Brasil.

Capítulo 5

Valor da marca sob a ótica financeira

> "Marcas podem ser registradas no ativo intangível?
> Marcas devem ser classificadas no intangível somente na ocasião
> de sua efetiva aquisição ou por seu custo de criação."
> — FIPECAFI (FUNDAÇÃO INSTITUTO DE PESQUISAS CONTÁBEIS, ATUARIAIS
> E FINANCEIRAS) SOBRE A NOVA LEI DAS S.A. – LEI Nº 11.638/07

É comum pensarmos que é possível registrar o valor de nossas marcas no balanço patrimonial da organização, sendo esta um ativo de tamanha relevância.

Contudo, é necessário entender um pouco mais os princípios que direcionam o documento contábil. Este exprime, com exatidão, a situação atual da empresa. É como um extrato de nossa conta-corrente. O patrimônio líquido deve expressar o saldo existente entre ativos (créditos) e passivos (débitos) da empresa.

Considerando a definição do patrimônio líquido, como veremos adiante, as principais medidas de valoração de marcas são baseadas em expectativas de resultados, e não podem permitir que o valor da marca entre como ativo, pois o risco pode ser elevado. Lembro, por exemplo, o caso de derivativos que, em algumas corporações, estavam registrados como ativos. A Sadia e diversas outras companhias tiveram muitos problemas com o reconhecimento desse ativo; consequentemente, a saúde financeira do negócio foi abalada.

Há somente um caso em que a marca e os ativos intangíveis da empresa podem ser considerados em um balanço patrimonial: quando existir a aquisição de outra empresa.

A lógica por trás disso é que, quando ocorre aquisição, terá existido desembolso por parte da empresa com base nos ativos tangíveis da empresa e, portanto, este deve ser reconhecido em seu balanço patrimonial.

Uma nova lei sobre o reconhecimento de valor de ativos intangíveis e marca nos balanços patrimoniais foi editada: a Lei nº 11.638/07.

Vejamos nossa análise sobre esse tema.

Em 28 de dezembro de 2007, foi sancionada a Lei nº 11.638/07, que fez importantes alterações em relação à Lei nº 6.404/76 (Lei das S.A.).

Inegáveis melhorias surgiram, tais como:

1. Inclusão de um Grupo de Intangíveis no Ativo Permanente (artigo 179).
2. Critério de avaliação desses ativos, que será pelo custo incorrido na aquisição, e critério para efetuação dos testes de *impairment* (análise sobre a recuperação de valores registrados no imobilizado, intangível e diferido).

Devemos esclarecer que a nova lei **não permite** o registro de valor da marca ou de outros ativos intangíveis avaliados pelo método da rentabilidade futura no balanço patrimonial, exceto em casos de compra, venda, fusão ou aquisição.

Assim, no caso de empresas que desde a origem utilizem uma marca (por exemplo: Coca-cola, Banco do Brasil, Petrobras), estas são classificadas no chamado grupo de organizações com marcas geradas internamente, e não podem ter seus valores da marca registrados em balanços patrimoniais.

Faz sentido o valor da marca ser registrado no valor contábil das empresas?

Em nossa metodologia de avaliação de marcas, utilizamos o princípio do uso econômico, entre outros, que serão apresentados no Capítulo 6, porém, em geral, os métodos se baseiam em expectativas de rentabilidade futura – ou seja, uma empresa vale por quanto lucro futuro pode gerar a seu acionista.[1] Uma marca vale pelo papel que desempenha para a geração econômico-financeira de lucros futuros da empresa.[2]

Sendo assim, se o balanço patrimonial deve refletir a posição patrimonial dos ativos tangíveis da empresa (diferença entre ativos passivos da corporação na data--base), então:

1. Em primeiro lugar, faria sentido refletir no balanço patrimonial o valor de um ativo que foi determinado em razão de uma projeção de rentabilidade futura?
2. Quais são as implicações legais e fiscais para esse registro?
3. Qual é a liquidez do ativo "marca" isolado do negócio? Ele possui liquidez de maneira independente?[3]

Tanto o FASB (Financial Accounting Standards Board, por meio do FASB 141/142) quanto o IAS (International Accounting Standard – IAS 38) recomendam com veemência que o valor da marca e os ativos intangíveis não sejam registrados quando a marca for gerada internamente.

Talvez este seja o maior argumento para não se registrar o valor da marca em balanços patrimoniais. Tanto nos Estados Unidos quanto na Europa, os padrões contábeis não permitem o registro de ativos intangíveis (a não ser em casos de aquisição, compra etc.) no balanço patrimonial.

Então, como efetuar o *disclosure* dos ativos intangíveis da empresa?

A alternativa que vem sendo muito discutida é a criação de um novo relatório de informações ao mercado, o denominado Intelectual Asset Statement.

Yoshiaki Tojo, líder da Divisão de Economia e Estatística da OCDE – Organização para a Cooperação e o Desenvolvimento Econômicos, menciona as três conclusões de um estudo inicial sobre Intelectual Asset (IA) e Value Creation, conduzido pela OCDE de 2004 a 2006:

1. Os IAs desempenham papel substancial no crescimento da economia. A boa gestão das empresas é indispensável:
   • Deve-se encorajar a difusão de melhores práticas de *non-financial reporting* e *IAs management.*
2. As empresas necessitam de acesso ao capital humano qualificado, base de conhecimento e controle sobre o uso dos IAs (patentes, registros de marcas etc.).
3. O papel dos IAs em inovação e o processo de criação de valor necessitam de investigação detalhada.
   • Deve-se conduzir um estudo sobre a medição dos IAs para as empresas e em um nível macroeconômico.

O professor Patrick Sullivan descreve o modelo apresentado a seguir, que mostra a cadeia de valor dos IAs. Utilizamos essa abordagem em projetos, a fim de compreender e mensurar o valor dos IAs.

O governo da Dinamarca (Ministério da Indústria e do Comércio) publicou um documento intitulado "A Guideline for Intellectual Capital Statements – a key to knowledge management". Esse trabalho teve início em 1998 e foi coordenado pelo Ministério, com 17 empresas privadas participantes e auditoria da Arthur Andersen, Copenhagen Business School e The Aarthus School of Business.

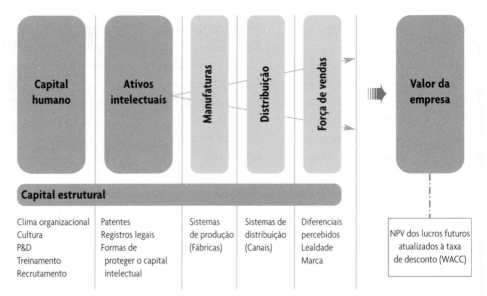

Fonte: Adaptado de SULLIVAN, Patrick.

Nesse estudo, foram estabelecidos padrões e indicadores recomendados para que as empresas elaborassem o Relatório de Capital Intelectual.

Entendemos que iniciativas como a do governo da Dinamarca poderiam ser seguidas pelo governo brasileiro, uma vez que constituiriam fonte importante para a competitividade das empresas nacionais. E mais: como mostrou um dos itens do relatório da OCDE, podem, inclusive, causar importante impacto positivo na economia do país.

A inserção de empresas brasileiras no contexto global e dos ativos tangíveis faz com que cada vez mais as companhias precisem entender o valor dos ativos intangíveis e, principalmente, definir uma estratégia de comunicação clara em seus relatórios financeiros apresentados ao mercado.

A solução de se registrar o valor de ativos intangíveis (e de marcas) em balanços patrimoniais – exceto em caso de fusões e aquisições – pode ser algo que vá contra todas as tendências; talvez vá de encontro até mesmo a alguns princípios básicos de contabilidade.

A criação de um relatório de ativos intangíveis com métricas não exclusivamente financeiras e que envolvam os públicos estratégicos da empresa (marca, capital humano, sistema de distribuição, base de clientes, reputação corporativa, tecnologia, P&D, patentes etc.) pode ser alternativa interessante para que as empresas (brasileiras) consigam comunicar, a outros mercados, seu real valor.

Entende-se a relevância de um trabalho de branding com os investidores para empresas de capital aberto nacionais, principalmente ao se considerar o contexto de Investment Grade, que favorece bastante nossas empresas, as quais precisam ser conhecidas e reconhecidas fora do Brasil. Atualmente, essas organizações podem acessar com mais facilidade um capital que anteriormente se encontrava bem menos disponível. Os diferenciais competitivos das corporações brasileiras são indiscutíveis, porém, para um investidor que pode estar em qualquer parte do mundo, talvez não estejam muito claros.

Para isso, as companhias nacionais precisam se preparar e estruturar os procedimentos internos, a fim de que esse *disclosure* seja bastante efetivo. Para tanto, talvez a primeira medida seja conhecer o valor dos ativos intangíveis e gerenciar as ações, com o objetivo de que esse valor seja sempre otimizado (*Gets Measured, Gets Done, Gets Capitalized* – "O que se mede, se gerencia. O que se gerencia, gera valor").

Capítulo 6

Metodologia de avaliação de marcas

> "Se este negócio tivesse de se dividir, eu estaria contente se pudesse combinar com os nomes, as marcas registradas e o fundo de comércio. Ainda que outro levasse todos os tijolos e a maquinaria, a mim seria melhor."
> – JOHN STUART
> EX-CEO DA QUAKER

6.1 Cadeia de valor da marca

Antes de ilustrar a teoria sobre Avaliação Financeira de Marcas, é importante apresentar o que denominamos cadeia de valor da marca, ou seja, como entendemos que marcas fortes geram elevado valor ao acionista. Portanto, é necessário explicar um pouco essa cadeia, representada na figura a seguir.

A principal premissa é a de que brand equity, ou a força das marcas, faz com que os diferenciais da marca sejam percebidos pelo público. Esses diferenciais competitivos geram expectativa de lucros futuros para a empresa nas chamadas alavancas de valor. Com base na quantificação dessas alavancas de valor, existem alguns métodos para a aferição do valor econômico-financeiro da marca.

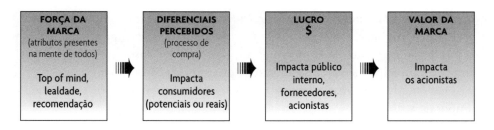

Desse modo, a primeira etapa é nosso entendimento sobre o que é uma marca forte (item 6.2). Em seguida, é apresentada a maneira como brand equities geram valor naquilo que denominamos alavancas de valor (item 6.3) e são comentados os possíveis métodos de avaliação de marcas (item 6.4).

6.2 Força da marca – Brand equity

O que é uma marca forte? Muitas vezes, quando faço essa pergunta, as pessoas entendem que marca forte é, por exemplo, uma marca muito conhecida – isto é, que o top of mind seja elemento fundamental de uma marca forte. Quando essas mesmas pessoas apresentam essa resposta, estão mais que do certas, pois se trata de atributo básico.

Inicio, então, uma grande polêmica ao perguntar se todos conhecem a marca Flamengo e/ou Corinthians. Sem dúvida, todos responderão que sim. Pergunto em minhas aulas se um desses dois times é da preferência ou lealdade dos alunos. Alguns fervorosos respondem que sim. Outros, que não (palmeirenses – como eu e meu filho –, fluminenses, vascaínos, botafoguenses, são-paulinos, santistas etc.). Alguém duvida do nível de lealdade de algum torcedor de qualquer uma dessas outras agremiações? Pois bem, com esse exemplo simples, demonstro que existem, sem dúvida, outros atributos que tornam as marcas fortes: lealdade e atributos específicos.

Isso acontece somente no futebol? É claro que não. Em relação a carros de luxo, por exemplo, há grande diferença nos atributos percebidos da marca Mercedes (tradição), BMW (desempenho, inovação, exclusividade) e Volvo (segurança). É o que chamamos de topo da pirâmide, que são os atributos que se tornaram propriedade dessas marcas.

Assim, só por ser Mercedes – que remete à tradição –, um carro não pode ter baixo nível de inovação ou de atributos de segurança. Ele tem de atender a um nível qualificador nos atributos da categoria, o que faz com que também alcance uma boa realização em atributos qualificadores de outras categorias, algo importante para uma marca forte, não? Com certeza.

Esse pontos foram levantados para explicar um dos modelos mais poderosos de brand equity: o BrandDynamics®, da Millward Brown – www.millwardbrown.com. Este levou quase vinte anos para ser desenvolvido pela empresa antes de ser colocado no mercado. Atualmente, é um dos modelos bastante utilizados por empresas, principalmente do segmento de produtos de consumo mundial.

Desse modo, uma marca forte se caracteriza por um conjunto de três grandes grupos de atributos:

1. Conhecimento – É uma marca que todos conhecem. É o chamado top of mind da categoria. Por muito tempo, muitos consideravam marcas valiosas aquelas que simplesmente eram conhecidas pelo público. Isso é, na verdade, um item bastante qualificador. Por exemplo, se pensarmos em bancos no Brasil, alguém duvida de que todos conheçam as marcas Bradesco, Itaú e Banco do Brasil?
2. Diferenciação e relevância no processo de escolha – Das pessoas que conhecemos, quais consideram a marca uma das opções (chamamos isso de relevância) e quais consideram que a marca seja a única a atender a nossas necessidades (o que chamamos de *bonding*). Quanto mais a marca conseguir converter seu conhecimento em diferenciais e relevância, mais influenciará o processo de decisão de compra ou a geração de valor do acionista.
3. Lealdade e recomendação – Consumidores leais compram até dez vezes mais do que a média daqueles que simplesmente conhecem a marca. É o mesmo que dizer o seguinte: em uma marca como Natura, se avaliarmos a compra das consumidoras que a conhecem simplesmente, veremos que estas gastam supostamente R$10/ano. Quando, por nossos critérios, selecionamos as consumidoras que são leais à marca, veremos que gastam quase R$100/ano.[1]

A seguir, é apresentado o comportamento do modelo de brand equity utilizado pela Millward Brown, partindo do nível de conhecimento até o nível de lealdade e recomendação.

MODELO DE BRAND EQUITY DA MILLWARD BROWN

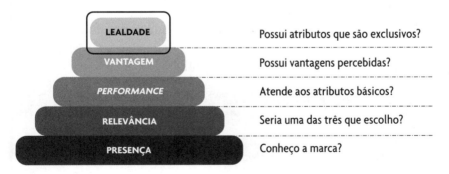

Anualmente, a BABrandAnalytics publica um ranking com as marcas fortes do Brasil, com base na pesquisa realizada pela Millward Brown – BrandZ. No Capítulo 8, apresentamos os resultados da pesquisa de mercado com as marcas brasileiras mais fortes.

Metodologia de avaliação de marcas

Como produto dessa etapa, também obtemos um diagnóstico de taxa de risco da marca. Conforme mostrado no Capítulo 2, a situação ideal, de menor risco, é quando a percepção externa é acompanhada do valor gerado pelos ativos intangíveis. As situações de risco existem nos quadrantes descritos a seguir.

Valor extraído
(percepção externa)

Risco (percepção existe, mas não é entregue)	**Ideal**
Risco de comoditização	**Risco** (diferenciais existem, porém não são percebidos)

Valor gerado
(percepções internas)
(Capital humano, P&D, produtos,
processos, tecnologia)

Fonte: Adaptado de SULLIVAN, Patrick.

Nosso modelo de taxa de desconto ou de risco da marca advém dessa análise do mapa de parâmetros quantitativos e qualitativos da demanda. Somente por questão de nomenclatura, o quantitativo diz respeito a aspectos como market share, cobertura, crescimento de mercado, entre outros. O outro grupo de parâmetros qualitativos está diretamente relacionado à qualidade da demanda ou de todos os pontos de contato da marca com o público.

Aspectos quantitativos	Aspectos qualitativos
1. Crescimento do mercado	6. Satisfação
2. Distribuição (cobertura)	7. Qualidade da entrega (consistência dos pontos de contato)
3. Distribuição geográfica (consistência de um posicionamento global, respeitando-se atributos locais)	8. Atratividade (base de não clientes)
4. Tempo de mercado	9. Lealdade
5. Participação de mercado (market share)	10. Preferência (diferenciais competitivos percebidos no processo de escolha)

Gestão do valor da marca

A tabela a seguir apresenta um exemplo da quantificação da força de algumas marcas no mercado de telefonia móvel.

	1. CRESCIMENTO DO MERCADO	2. COBERTURA	3. DISTRIBUIÇÃO GEOGRÁFICA	4. TEMPO DE MERCADO	5. PARTICIPAÇÃO DE MERCADO	6. SATISFAÇÃO	7. QUALIDADE DA ENTREGA	8. ATRATIVIDADE	9. LEALDADE	10. PREFERÊNCIA	FORÇA DA MARCA
MARCA A	4	10	6	9	7	5	8	10	9	10	78
MARCA B	4	9	3	9	10	3	5	5	3	5	56
MARCA C	6	8	3	8	7	2	5	7	2	2	50
MARCA D	5	10	10	10	6	6	10	7	8	8	79
MARCA E	4	4	9	4	7	7	6	6	7	9	64

Com base nessa força de marca, como quantificaríamos uma taxa de risco que utiliza o conceito do risco em uma aplicação de investimentos? Quanto maior for o risco da aplicação, maior será a remuneração que esta proverá. Por exemplo, no Brasil, uma aplicação totalmente livre de risco é a poupança, que remunera 6% ao ano (o chamado Risco Livre, pois, em tese, esse capital é garantido para os investidores).

Em mercados globais, temos os chamados Títulos do Tesouro Norte-americano (Treasure Bills) de 30 anos – TB 30 anos. Assim, se o investidor quiser um investimento com maior risco, com certeza existirá a necessidade de um prêmio ao risco maior. Foi aí que o mercado de capitais desenvolveu um modelo para precificação de risco denominado CAPM (Capital Assets Pricing Model). Esse modelo é utilizado pelas empresas para determinar o chamado custo de oportunidade de capital próprio.

Aqui vale a pena visitar um pouco sua história e seu desenvolvimento. No início dos anos 1960, dois americanos, William Sharpe e John Lintner, conseguiram mostrar matematicamente que, em uma situação de equilíbrio,[2] existe relação linear entre o excesso de retorno de investimento e o excesso de retorno do mercado. Shape e Lintner chamaram a equação de ß.

$$\frac{R_p - R_f}{R_m - R_f} = ß \qquad (1)$$

Metodologia de avaliação de marcas

Em que:
R_p – É a taxa de retorno de investimento, também chamada de *taxa de atratividade mínima*.
R_m – É a taxa média de retorno do mercado.
R_f – É a taxa de retorno de um investimento livre de risco.
ß – É o beta.

Resolvendo a equação (1), temos:
$$R_p = R_f + ß(R_m - R_f) \qquad (2)$$

Além dos parâmetros citados da taxa de desconto, temos o que denominamos Risco País, ou seja, a exposição ao risco oriunda de percepções de risco de cada país. No Brasil, temos um indicador denominado EMBI (Emerging Markets Bond Index), do J.P. Morgan, que mede, em pontos, o risco de um país. O gráfico a seguir ilustra o comportamento desse indicador de junho de 2002 até hoje.

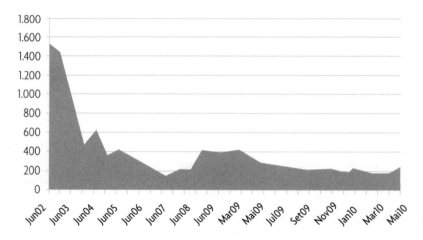

Fonte: Economática.

Dividindo-se o EMBI do J.P. Morgan por 100, temos uma estimativa do Risco Brasil – Rc – Country Risk. Algo bem interessante é que esse risco país em 2001 estava em torno de 15% ao ano. Hoje ele está em 2% ao ano, ou seja, a percepção do risco para os investidores vem melhorando e, atualmente, com base na análise dos últimos 12 meses, tem sido bastante positiva.

Exemplo de cálculo da taxa de desconto

Dada a taxa livre de Risco R_f = 4,0% ao ano, a diferença entre R_m e R_f de 5,5% ao ano, um ß da indústria de 1,4 e um risco país R_C de 2,0% ao ano (230 pontos), o custo de oportunidade de capital próprio será:

Risco do capital próprio = R_f + (R_m - R_f) * + R_C = 4,0% + (5,5%) * 1,4 + 2,0% = 13,70% ao ano

Como definimos a taxa de desconto da marca?

Com base na força da marca exposta (dez fatores de força de marca), quantificamos a taxa de desconto no modelo desenvolvido pela Millward Brown Optimor, que suporta essa quantificação da taxa de desconto da marca, mais especificamente mantendo todos os outros parâmetros alinhados com o modelo de avaliação de empresas (risco do capital próprio), porém calculando-se um ß para a marca, conforme ilustra o gráfico a seguir:

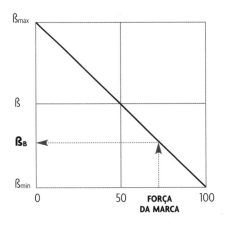

Força da marca é uma nota entre 0-100.
ß é a média dos betas de mercado para a indústria considerada.
ß$_{min}$; ß$_{max}$ é determinado com um intervalo de confiança de 95% para o ß da indústria, sem efeitos de alavancagem.
ß$_B$ é o beta ajustado da marca.

Uma vez obtido o ß da marca, calcula-se, então, a taxa de desconto dos lucros futuros dessa marca.

6.3 Alavancas de valor da marca

Com base nos conceitos de identidade de marca e posicionamento, os brand equities diferenciam uma marca das de seus concorrentes por meio de três grandes alavancas de valor:

1. Propiciam a prática de um prêmio de preços aceitável;
2. Geram expectativas de demanda mais estáveis; e
3. Propiciam, como vantagem competitiva, menores custos operacionais e de capital.

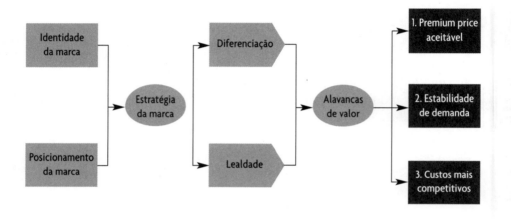

Vamos detalhar um pouco mais algumas dessas alavancas de valor para o acionista.[3]

6.3.1 Premium price aceitável

Sem dúvida alguma, essa é a alavanca de valor mais visível e tangível. Em uma gôndola de supermercado, com vários produtos aparentemente iguais (ou chamados commodities), por que um deles consegue um premium price em relação aos concorrentes em um momento econômico difícil? Por exemplo, o açúcar. Em tese, esse é um produto cujos atributos físicos são muito parecidos e, na realidade, o consumidor não consegue tecnicamente verificar se um açúcar é melhor que outro.

Entretanto, pesquisa com consumidores nas gôndolas revelou que o açúcar União possui um diferencial quase 10% superior, quando comparado aos concorrentes, conforme demonstrado no gráfico a seguir:

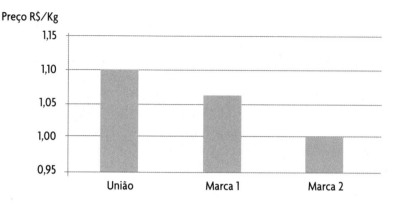

Fonte: Pesquisa realizada pela equipe BABrandAnalytics, em 2009, em supermercado na Grande São Paulo.

É óbvio que esse premium price resulta de uma relação em que o consumidor "confia" no fato de aquele produto ser superior aos demais, relação essa que envolve também um vínculo emotivo com a marca. Por exemplo, consumidoras chegam a mencionar que aprenderam a preparar doces com os famosos livros de receitas do açúcar União e, surpreendentemente, acham que "o doce feito com esse açúcar tem um ponto de cozimento ideal em relação à receita que estão acostumadas a fazer". Portanto, para doces, elas somente utilizam União.

Essas consumidoras declaram que se identificam (personificação) com a Dona Benta do Sítio do Picapau Amarelo. Esse nome está tão associado à ideia de "família" que, para uma quantidade muito grande de donas de casa, o aroma de bolo espalhado pela casa é sinal de extrema felicidade e orgulho para elas. O entendimento desses atributos e associações faz com que o consumidor aceite pagar um preço mais alto por um produto dessa marca e tal fato, certamente, gera valor ao acionista (somente por curiosidade, hoje a marca União pertence ao portfólio de marcas do Grupo Nova América).

Outra marca que também pratica um premium price aceitável é a Tigre. Se a dona de casa compra açúcar para preparar bolos e se sente orgulhosa por isso, quem sai em busca de tubos e conexões está em um contexto bastante distinto, vivendo uma experiência que não é das mais agradáveis (construção ou reforma de uma casa ou de um apartamento). Quem já passou por esse processo adoraria evitá-lo da próxima vez se fosse possível. Nele, tudo é desgastante, desde o gerenciamento da obra até os atrasos de alguns fornecedores que não entregam o serviço/os produtos no prazo combinado.

A Tigre optou por se aproveitar justamente desse contexto estressante para enfatizar ao consumidor a importância de se fugir do chamado "mico" e evitar problemas futuros. Afinal, em uma obra, o custo de tubos e conexões é muito pequeno se comparado ao valor total do investimento, de modo que não vale a pena economizar nesses itens. A estratégia vem-se mostrando eficiente, mas resta a pergunta: Este é o único motivo do premium price aceitável da Tigre? Sim, mas, com certeza, esse não é o único premium price.

Além de trabalhar muito bem com o consumidor final, com diversas campanhas que sempre remetiam ao "Tigre não dá Xabu", a empresa também realizou algumas ações com outros públicos estratégicos.

Por exemplo:

- O forte investimento em qualidade de produtos – até mesmo a extensão para outras categorias – serviu para fortalecer a marca Tigre;
- A Universidade Tigre qualifica encanadores. Sabedora de que esse público estratégico tem importante papel no processo de compra de produtos, a Tigre inteligentemente criou inúmeros cursos, gerando, inclusive, uma carteirinha para qualificar encanadores. Imagine você o nível de lealdade que esse profissional desenvolveu com a marca depois de ter sido treinado com tubos e conexões Tigre! Mais do que isso: esse encanador passou a sentir que a marca Tigre se preocupa com ele.
- Os vínculos de inclusão social são extremamente fortes. Por exemplo, quantos clientes são fiéis ao Banco do Brasil ou ao Bradesco, pois foram essas instituições que possibilitaram a eles o acesso a uma conta-corrente? No caso da Gol Linhas Aéreas Inteligentes, são vários os depoimentos de consumidores que tiveram acesso a sua primeira viagem aérea por essa marca. Se antes eles levavam muitas horas e até vários dias para chegar a seu destino, hoje podem fazê-lo em algumas horas apenas. E é incrível como essas marcas trabalharam isso, conseguindo extrema lealdade desses públicos estratégicos. É óbvio que os produtos precisam ser muito bons, mas é inegável que a marca exerça um prisma para que essa percepção agregue valor. Ao final, os consumidores aceitam pagar um pouco mais pelo produto.

O resultado disso é que essas marcas conseguem exercer um premium price aceitável, gerando, na outra ponta, mais lucro para as empresas e maior valor a seus acionistas.

Vejamos aqui um exemplo de premium price gerado pela Starbucks, um dos maiores sucessos no mundo inteiro. Essa marca relativamente nova consegue, por meio de um posicionamento absolutamente relevante ("a melhor opção entre seu trabalho e sua casa"), cobrar quase dez vezes mais que seus concorrentes. Eu, pessoalmente, comprovei isso: estava em Nova York e podia tomar um café na esquina por aproximadamente US$ 0,50. Então, por que me dispus a pagar US$ 5? Pela experiência.

Aqui vale apresentar algumas palavras sobre a história da marca Starbucks. Há quem pense que o fundador da Starbucks é Howard Schultz. Ele (Howard), porém, era o diretor de uma empresa vendedora de fogões que se surpreendeu quando se viu obrigado a atender um empreendedor de Seattle que tinha "um negócio de café com posicionamento um pouco diferente". Howard se encantou com o negócio e, mais ainda, percebeu que existia espaço para um conceito de ambiente, que poderia ser o melhor lugar entre trabalho e casa.

Para conceber esse ambiente, ele precisaria ter também uma proposta de valor muito forte com colaboradores, ou seja, para que pudessem propiciar um ambiente quase familiar, eles deveriam estar extremamente motivados e engajados com a proposta de valor da Starbucks. Foi ele o primeiro a conceder bônus ou stock options para terceirizados, pois dizia que era muito melhor investir nas pessoas do que em comunicação ou publicidade. A verba de publicidade da empresa era menor que a dedicada a treinamento dos colaboradores. Era bastante comum que a equipe da Starbucks soubesse o nome dos clientes e de seu filhos e, ainda, o tipo de café que preferiam.

Quem pensa que a expansão internacional dessa marca é algo somente difícil para empresas brasileiras ou latinas deveria ler como isso aconteceu. Uma boa obra com informações sobre essa expansão é a de Robert Hartley.[4] Esse texto explica que a expansão de Seattle para Chicago (a primeira após a primeira IPO (Initial Public Offering – Oferta Pública Inicial) levou mais de três anos. Inclusive, a opção de ter uma Starbucks em cada prédio ou muito próximo dos grandes edifícios comerciais era algo vital, pois, no frio de Chicago, ninguém se mostrava muito disposto a caminhar para tomar café. Isso também é comodidade e envolve pensar no consumidor.

A missão da empresa e os princípios que regem essa corporação nos levam a compreender a razão de seu sucesso, até porque tendemos a nos identificar profundamente com esses princípios. Contudo, mais do que tê-los definido, talvez o maior sucesso da Starbucks resida na competente implementação desse conceito na organização inteira, fazendo com que cada ponto de contato com a marca seja extremamente consistente.

Contudo, recentemente, a marca perdeu um pouco de sua identidade ao se render à tentação de vender sanduíches, perdendo um pouco da exclusividade e do ambiente característicos. Mesmo assim, a marca Starbucks vale US$ 8,45 bilhões, segundo o *Financial Times* e estudo realizado pela Millward Brown Optimor. Essa percepção leva o consumidor a pagar um premium price, que é uma alavanca de valor importante.

6.3.2 Estabilidade de demanda

Uma marca forte é um verdadeiro escudo contra crises, garantindo um nível de estabilidade de demanda bastante superior em relação a empresas que não possuem marcas fortes. Aqui, os vínculos de lealdade são bastante visíveis. Essa lealdade não é percebida somente por parte dos clientes ou dos consumidores finais; vem também dos colaboradores, dos canais (no caso da Natura e da Avon, é proveniente de sua rede de revendedoras; no caso do gás GLP, dos revendedores), dos influenciadores no processo (por exemplo, o encanador em tubos e conexões, o engenheiro quando quer comprar um motor da WEG, o serralheiro, no caso da Gerdau, entre muitos outros), dos acionistas, da sociedade, enfim, de todos os públicos estratégicos.

Para melhor exemplificar o que vem a ser estabilidade da demanda, destaco duas marcas, uma brasileira e uma global, que julgo serem realmente ícones dessa alavanca de valor.

Todos que já visitaram o Maranhão sabem a força do Guaraná Jesus. Essa marca tinha, em 2001, a mesma participação no mercado local que a Coca-Cola, chegando até a praticar premium price em relação à concorrente. Quando estive lá, observei quão impressionante é a força dessa marca, que se manifesta das formas mais variadas nos diversos canais:

- um motorista de táxi declarou: "De vez em quando, o Jesus some e a gente fica desesperado, pois toma o Jesus";
- esse refrigerante não tem qualquer associação a Jesus Cristo, e todos os ludovicences (nome de quem nasceu em São Luis, capital do Maranhão) sabem que é uma homenagem a seu criador, senhor Jesus Norberto Gomes, e mantêm lealdade à marca;
- sabor é uma questão de costume. No caso do Guaraná Jesus, esse é um dos direcionadores mais importantes no processo de escolha da marca, ou seja, os consumidores estão tão acostumados e apreciam tanto seu sabor que, dizem, é comum algumas mães oferecerem o refrigerante a seus bebês. Dá para imaginar, daí, o nível de lealdade à bebida!

Esta história é bastante curiosa. Há oitenta anos, o farmacêutico Jesus Norberto Gomes queria criar uma espécie de magnésia fluida, um remédio que era mania na época. Para produzi-la, comprou uma máquina de gaseificação, porém o negócio inicial não deu muito certo, e ele resolveu, então, criar uma bebida para os netos, misturando 17 ingredientes, entre eles as ervas e os produtos que descobria em suas viagens à Amazônia.

O gostinho adocicado, com notas de canela e cravo, e a cor agradaram não somente aos netos, mas também à vizinhança. A partir daí, virou o sucesso que é.

A estabilidade da demanda dessa marca é algo próximo do inacreditável, a ponto de a Coca-Cola ter adquirido a marca Guaraná Jesus em 2003. Ela faz parte do orgulho do povo maranhense.

O segundo exemplo dessa alavanca de valor é a marca Harley-Davidson. Quando alguém compra uma motocicleta Harley, com certeza está totalmente alinhado à filosofia que a marca representa e a seu estilo de vida específico.

Quando um consumidor adquire uma Harley-Davidson, sabe que está se juntando a uma "família", uma espécie de clã que possui, inclusive, uma organização: a H.O.G. (Harley Owners Group), a qual engloba mais de 1 milhão de pessoas no mundo inteiro.

6.3.3 Custos mais competitivos

Esta terceira alavanca de valor remete ao fato de empresas com marcas fortes conseguirem menores custos como vantagem competitiva, decorrente da diferenciação e da lealdade de seus públicos estratégicos.

A primeira evidência está na redução de custos de lançamento de novos produtos. Por exemplo, as marcas fortes, quando se estendem a novas categorias de produtos, conseguem uma otimização nos investimentos de comunicação. Foi o que aconteceu com o lançamento do iPod, da Apple. Nesse caso, certamente a empresa se beneficiou com uma otimização no orçamento de comunicação. Muito mais, por exemplo, do que quando lançaram um MP3 sem marca. Obviamente, não estamos entrando no mérito da coerência de valores ou do "stretch" da marca. Mais recentemente, esse mesmo efeito positivo foi verificado com o iPhone e com o iPad, mas é inegável que uma marca forte sempre obtém vantagens com esse ganho de escala.

A segunda evidência é o fator humano. Marcas fortes, com colaboradores identificados com a essência da marca e com sua ideologia, certamente possuem rotatividade mais baixa e maior lealdade. Quando consegue reter seus melhores talentos, a empresa aperfeiçoa o investimento em treinamento, diminui os custos de pessoal, podendo melhorar, assim, a competitividade no mercado.

A terceira evidência está relacionada ao mercado de capitais. Estudo publicado pelo *Journal of Academy of Marketing Science*[5] comprova que marcas fortes geram valor aos acionistas porque, segundo a percepção do mercado de capitais, empresas detentoras de marcas fortes possuem maior rentabilidade (lucro/receita líquida) e menores riscos operacionais (medidos por meio do chamado beta, que, de forma simplificada, pode ser definido como o nível de risco percebido por uma ação).

Esse estudo avaliou as maiores empresas de capital aberto no mundo, empregando como critério a lista das 100 marcas globais mais valiosas do planeta.

A responsabilidade social é um dos itens pelos quais as empresas são avaliadas no Dow Jones Sustainability Index (DJSI). Elas são capazes de criar valor para os acionistas no longo prazo, por conseguirem aproveitar as oportunidades e gerenciar os riscos associados a fatores econômicos, ambientais e sociais. Essa avaliação leva em conta não só o desempenho financeiro, mas, principalmente, a qualidade da gestão da empresa. Uma administração ideal deve integrar o valor econômico à transparência, somando-se a governança corporativa e a responsabilidade socioambiental como forma de sustentabilidade no longo prazo. Em última instância, empresas que apresentam esse índice se transformam em referência para o mercado de capitais, tanto que existem fundos de investimento que somente podem investir em empresas certificadas pelo DJSI. Por isso, organizações que se posicionam com responsabilidade social pensam em um desenvolvimento sustentável. Aquelas eficientes acabam tendo também um custo de captação financeira bem menor.

A adesão de bancos ou provedores de capital de terceiros a marcas fortes poderia constituir um potencial adicional de competitividade em custos, porém ainda são muito raras as operações estruturadas e garantidas com ativos intangíveis. Segundo Kayo,[6] não existe evidência de que empresas intensivas em ativos intangíveis tenham menor custo de capital de terceiros. Um dos motivos pode ser o fato de as instituições financeiras preferirem receber, como garantia de seus empréstimos, ativos tangíveis – fábricas, máquinas, equipamentos –, ainda que saibam que estes possuem liquidez de mercado menor que os ativos intangíveis e que representem parcela relativamente pequena dos ativos da corporação.

6.3.4 Mensurando as alavancas de valor

As três alavancas de valor – que são consequência da diferenciação e da lealdade dos públicos estratégicos – geram expectativa de lucros futuros associada a menor risco. A quantificação do valor da marca passa, então, pelo entendimento do efeito das alavancas de valor e sua mensuração de impacto nos lucros futuros projetados e menores riscos. É justamente isso o que estudaremos no próximo item.

6.4 Métodos de cálculo de valor da marca

No decorrer das décadas de 1980 e 1990, foram desenvolvidos e aprimorados diversos métodos para a determinação do valor da marca, os quais são utilizados por algumas empresas. No processo de avaliação de marcas, é muito comum recorrermos a uma metodologia como referência primária. Porém, sempre tentamos utilizar pelo menos mais um ou dois métodos como referências secundárias, pois são fontes muito interessantes de informação para complementar nossa análise.

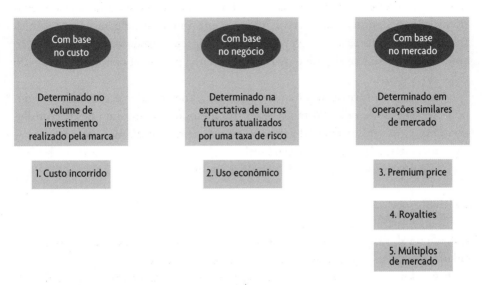

Para os conhecedores do mercado de fusões e aquisições, costumamos classificar em três grupos os métodos de avaliação, de maneira análoga ao procedimento na precificação de valor de empresas em processos de fusões, aquisições e privatizações: com base no custo, no negócio e no mercado.

O primeiro grupo é o valor de investimentos já realizados na marca. Ele é uma informação extremamente importante, já que fornece uma ideia atualizada do valor que foi aplicado nessa marca. Na analogia com o processo de due dilligence, esse é o valor patrimonial ajustado.

O segundo grupo está fundamentado na estimativa de lucros gerados pela marca, obtidos com base no fluxo de caixa do negócio atual. A atualização desses lucros da marca a uma taxa de desconto nos fornece o valor da marca. Também podemos chamar de valor econômico da marca. O quociente do valor obtido no uso econômico pelo custo incorrido pode nos dar noção do retorno sobre o investimento já realizado. Mais ainda: se o valor do custo incorrido for maior do que o valor econômico gerado, muito provavelmente o investimento realizado não estará remunerando o capital investido. Em Corporate Finance, isso ocorre quando o valor de uma empresa é sustentado pelo valor patrimonial, pois este é superior a seu valor econômico.

O terceiro grupo é o chamado valor de mercado, que pode ser obtido em razão de um valor potencial de mercado. Esse valor potencial pode ser determinado por três metodologias: premium price, royalty e múltiplos de mercado, as quais refletem o potencial de valor da marca. Essa também é uma informação importante, uma vez que, em alguns casos, o valor do potencial é superior ao valor econômico. Isso significa que o ativo "marca" tem potencial de geração econômica maior a seu acionista, seja através de ações da empresa, seja da venda ou associação com algum outro player para o qual a marca tenha potencial maior de geração do valor do acionista.

Assim, essa informação, quando comparada com o valor econômico obtido, pode ser de grande valia. Portanto, esses três métodos são absolutamente complementares e, em decorrência do uso, podem perfeitamente atuar em conjunto – algo que, aliás, é bastante recomendável.

Cada um desses métodos é detalhado a seguir:

6.4.1 Custo incorrido

Calcula o valor dos desembolsos diretamente efetuados pela marca, como: publicidade, pesquisas, marketing, atualizados a valor presente.

É o valor do desembolso realizado pela empresa para a construção da marca. Essa métrica, quando utilizada como referência primária para a determinação do valor da marca, possui algumas limitações, uma vez que não existe relação direta entre o custo histórico e o valor de marca. Tal relação é exatamente o que se busca – no fundo, é o retorno sobre o investimento. Existem marcas que investiram muito pouco e conseguiram elevado valor de marca, como é o caso da Body Shop.[7]

Essa informação é extremamente relevante para o processo de gestão de marcas. Se bem administrado, o valor do custo incorrido deve ser inferior ao valor da marca.

6.4.2 Uso econômico

Segundo esse método, o valor de uma marca corresponde ao valor presente líquido dos lucros da marca. Com base nessa metodologia, a marca está dentro do contexto do negócio e é um dos ativos intangíveis da empresa. Dentre esses ativos, destacam-se o capital humano, o sistema de distribuição, o sistema de conhecimento, a base de clientes, os monopólios, as patentes, os contratos e também aquilo que desejamos separar: a marca.

Descrevemos a metodologia em detalhes no Capítulo 5. Resumidamente, ela é composta por três etapas:

a. Análise Financeira – Projeção de resultados financeiros para os próximos cinco anos (receita líquida, custos, despesas, investimentos em ativo fixo e capital de giro operacional). Obtemos a projeção dos resultados econômicos desse período (economic earnings), que é basicamente o lucro operacional após o imposto de renda, deduzido da remuneração da utilização dos ativos tangíveis.

b. Análise de Mercado – Do lucro dos ativos intangíveis, devemos separar o que é marca do que são os outros ativos intangíveis da empresa. Obtemos a importância da marca (brand contribution) em relação aos outros intangíveis, com a análise dos diferenciais competitivos percebidos pelos clientes quando escolhem a marca em relação aos concorrentes, ou seja, é a percepção da marca com os consumidores, e como eles se utilizam dela, que dá suporte a seu processo de compra. Esse processo é detalhado no Capítulo 7, com o exemplo de um cálculo da importância da marca.

c. Análise de Marca – Toda a projeção de resultados econômicos apresenta uma taxa de risco associada a ela. Quanto mais forte for a marca, menor será o risco de uma projeção. Conforme mostrado, uma marca forte provém de uma menor taxa de risco – ver detalhamento no item 6.2.

d. Valor da Marca – O valor da marca é o valor presente dos resultados exclusivamente associados à marca, atualizados por uma taxa de desconto que reflete seu risco.

A seguir, apresentamos o cálculo de valor de uma marca no segmento de relógios de luxo.

A metodologia do uso econômico é a que utiliza o ranking das marcas brasileiras mais valiosas, publicado pela *IstoÉ Dinheiro*, com base em dados de pesquisas de mercado da Millward Brown. Esse mesmo ranking é publicado no *Financial Times*. É nele que o Google aparece como a marca mais valiosa do mundo em 2010. No Brasil, no mesmo ano, a marca mais valiosa é a Petrobras, conforme será detalhado no Capítulo 8.

		Real			Projetado			
Unidade de relógios de luxo	**2003**	**2004**	**2005**	**2006**	**2007**	**2008**	**2009**	**2010**
Receita líquida	100	115	120	122	125	127	130	132
(–) custos dos produtos vendidos	–30	–37	–38	–39	–40	–41	–42	–42
(–) despesas administrativas	–20	–20	–19	–19	–19	–19	–19	–19
(–) despesas comerciais e de vendas	–10	–12	–12	–12	–12	–13	–13	–13
(–) imposto de renda	–14	–16	–17	–18	–18	–19	–19	–20
Lucro operacional	26	31	33	34	35	36	37	38
Capital empregado	**–120**	**–123**	**–122**	**–121**	**–120**	**–120**	**–119**	**–118**
Custo de oportunidade de capital	15% ao ano							
Remuneração de capital	–18	–18	–18	–18	–18	–18	–18	–18
Economic earnings	8	12	15	16	17	18	19	20
Contribuição da marca	92%							
Lucros da marca				15	16	17	18	19
Força da marca	67							
Taxa de desconto	12%			1	2	3	4	5
Valor presente				13	13	12	11	11
Valor da marca	**149**							
2006-2010	60							
a partir de 2010	89							

6.4.3 Premium price

Segundo esse método, o valor de uma marca corresponde à projeção de lucros futuros obtidos, atualizados por uma taxa de desconto. Esses lucros são calculados pelo produto de premium price unitário pelo faturamento projetado.

Nesse processo, em que os produtos são exatamente os mesmos, se os consumidores pagam premium price é por conta da marca.

	Real			Projetado				
	2003	**2004**	**2005**	**2006**	**2007**	**2008**	**2009**	**2010**
Receita líquida	100	115	120	122	125	127	130	132
Premium price	15%							
Lucros da marca				18	19	19	19	20
Força da marca	67							
Taxa de desconto	12%							
				1	2	3	4	5
Valor presente				16	15	14	12	11

Valor da marca	163
2006–2010	69
a partir de 2010	94

Com certeza, esse é um valor potencial, e o método nos fornece algumas informações interessantes:

1. Em algumas situações, em que as informações financeiras da empresa não estão muito bem estruturadas para fornecermos a projeção de resultados econômicos para os próximos cinco anos (em alguns casos, pelo fato de a empresa não ter um sistema de custos por atividades para alocar custos, despesas, ativo fixo para cada segmento ou em algumas instituições financeiras que não possuem um VAR – Value at Risk – que possa alocar o capital tangível por segmento), esse método é recomendado.
2. Em condições em que a marca está em um ambiente de negócios em que a ineficiência da utilização de outros ativos intangíveis (como capital humano, sistema de distribuição etc.) esteja prejudicando o valor do acionista e, consequentemente, o valor da marca, este método também é aconselhado.
3. Para o caso de determinação de um valor potencial para um possível comprador da empresa, e esta não desejar mostrar sua estrutura de custos e despesas, bem como seu plano de negócios, este método também é indicado.

Contudo, algumas restrições se fazem necessárias à utilização do premium price como método primário, pois:

1. Referência: Premium price em relação a quê? Em tese, a referência deveria ser uma marca sem quaisquer equities, o que é muito difícil. Outro ponto: em

geral, o premium price não é devido exclusivamente à marca. Existem alguns outros ativos intangíveis associados a esse premium. Por exemplo, no caso de companhias aéreas, o premium price se deve a diversos outros intangíveis, como atendimento, disponibilidade de voo, aeronave e suas condições e, até mesmo, programa de milhagem. Assim, temos de estar muito atentos em relação à referência, pois ela pode fazer grande diferença.

2. Premium price, em algumas situações, não é garantia de lucro ao acionista. Às vezes, o investimento necessário para obtê-lo é superior ao benefício econômico. Assim, marcas em contextos operacionais podem ter rentabilidades totalmente distintas. Quanto vale a marca Rolls-Royce, que foi vendida para a Volkswagen? Nas mãos da Volkswagen havia uma sinergia que permitia um nível de rentabilidade superior a quando estava em poder dos antigos acionistas, sendo que a marca manteve sua prática de mercado. Sob o comando da Volkswagen, por exemplo, a empresa conseguiu viabilizar uma unidade industrial no Reino Unido para a produção de veículos das marcas Rolls-Royce e Bentley juntas. Com a Volkswagen, a marca Rolls-Royce gerava mais valor do que quando estava sob a administração dos antigos acionistas, exercendo o mesmo premium price. Assim, um dos problemas desse método é que ilustra um potencial e fornece muita ênfase à avaliação de um stakeholder – o consumidor final – tratando-o como independente do negócio, o que, definitivamente, é um fator limitador.

Por isso, recomenda-se a utilização do método premium price como referência do potencial de mercado do valor, mas com algumas limitações, ao utilizá-lo como método primário para avaliação de marcas.

6.4.4 Royalties

Por esse método, o valor da marca é o valor presente líquido dos lucros futuros da marca atualizados a uma taxa de desconto que reflete o risco da marca. Os lucros futuros são estimados com base em uma taxa de royalty pelas vendas projetadas. É como se, hipoteticamente, tivéssemos um mercado pelo qual podemos licenciar marcas por uma taxa de royalty.

A taxa de royalty é calculada com base em múltiplos ou comparáveis de marcas similares como uma proporção sobre a receita das empresas, podendo-se estabelecer uma correlação entre royalty e força de marca.

Com certeza, esse método é um valor potencial da marca e teria as mesmas vantagens da metodologia premium price mencionadas anteriormente. Porém, a maior limitação de utilização do royalty como método primário é que marcas são únicas, e qualquer extrapolação que se faça de marca para a marca pode incorrer em imprecisões. Como no caso do premium price, a taxa de royalty não possui relação direta com a rentabilidade do negócio para a referência potencial do valor de uma marca, parâmetro este que pode ser importante.

6.4.5 Múltiplo de mercado

Por esse método, o valor da marca é obtido por múltiplos de mercado, que, por sua vez, são conseguidos em razão de dados disponíveis de mercado. Por exemplo: se uma marca foi vendida por R$ 500 milhões e se seu faturamento é de R$ 100 milhões, o chamado múltiplo de faturamento é:

5 = Valor da Marca sobre o Faturamento

A limitação a esse tipo de abordagem é o fato de não ser muito comum a operação de compra e venda de marcas ou, exclusivamente, de marcas. Em geral, a marca é adquirida dentro de um contexto de negócio, ou seja, é um conjunto de ativos intangíveis, como capital humano, sistema de distribuição, sistema de comercialização, entre outros ativos intangíveis da empresa. (Em alguns casos, são utilizados múltiplos de rankings das marcas mais valiosas, como os publicados por *Business Week*, *Financial Times*, entre outras referências.) Entretanto, como método alternativo que busca quantificar um potencial de valor de marca, pode ser bastante útil.

Capítulo 7

Exemplo numérico de como avaliar a marca

"Tornar o simples complicado é fácil; tornar o complicado simples, isso é criatividade."
– CHARLES MINGUS

Todas as vezes que tive teorias ou modelos analíticos complexos a minha frente, sempre me ajudou ter uma planilha que pudesse me auxiliar. Leciono a disciplina Branding há pelo menos três anos e sempre tive a impressão de que, após as aulas, meus alunos não haviam entendido com profundidade o modelo financeiro, tão importante. A planilha que apresentarei a seguir é simples e creio que seja vital para uma pessoa da área não financeira compreender um pouco o nosso modelo.

Certa vez, durante uma palestra em um seminário de branding, um colega apresentou este exercício que, de fato, achei bastante interessante. Vale ressaltar que o resultado não é estatisticamente válido: trata-se de UM EXEMPLO DE COMO PODERÍAMOS CALCULAR O VALOR DE UMA MARCA. Aqui, portanto, não estão resultados que podem ser de maneira alguma extrapolados para o valor da marca Petrobras; somente foram utilizados como exercício.

7.1 Pesquisa de mercado

7.1.1 Relevância da categoria

O questionário era relativamente simples, e sua primeira etapa era entender a relevância da categoria. Quando um consumidor pensa em abastecer seu carro, quais são os atributos mais relevantes? Para tal, selecionamos alguns direcionadores.

1. Localização do posto (próximo de casa, no caminho, de fácil acesso).
2. Preço mais baixo.
3. Qualidade do combustível – Não terei problemas com a qualidade.
4. Linha completa de produtos – Sei que posso encontrar a gasolina aditivada e também bons produtos.
5. Atendimento – Os atendentes são prestativos, atenciosos etc.
6. O dono do posto está presente, conheço-o pessoalmente há bastante tempo.
7. O design do posto é limpo, bonito, dá a impressão de segurança, é iluminado
8. A marca inspira confiança.
9. Há lojas de conveniência.
10. Conta com um programa de fidelidade.

Em um trabalho mais aprofundado, é bastante recomendável determinarmos os principais direcionadores de demanda, com base em uma pesquisa qualitativa ou de grupos focais (*focus group*), entendendo um pouco os hábitos de consumo da categoria.

As respostas ao questionário foram compiladas e calculamos a média das notas de cada atributo para a categoria:

PERGUNTA:

Quando um consumidor pensa em abastecer seu carro, quais são os atributos mais relevantes? Dê notas de 1 a 10, do menos para o mais importante.	Média das respostas
1. Acesso	9
2. Preço mais baixo	9
3. Qualidade do combustível	9
4. Variedade de produtos	3
5. Atendimento	6
6. Design do posto	6
7. Confiança na marca	7
8. Lojas de conveniência	5
9. Programa de fidelidade	3

Ao compilar os resultados apresentados em um gráfico, em ordem decrescente de importância, vemos os atributos mais valorizados da categoria.

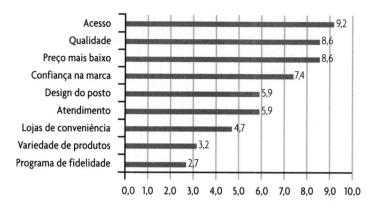

Itens mais relevantes na categoria: acesso (localização), qualidade, preço e, em quarto lugar, confiança na marca.

7.1.2 Diferenciais percebidos

Para cada um dos atributos, perguntamos sobre os diferenciais percebidos e associados de cada marca. Apenas como exemplo, este é um questionário respondido por um dos entrevistados.

DIRECIONADORES	SHELL	ALE	ESSO	PETROBRAS	TEXACO	IPIRANGA
P2.1 Para o direcionador Acesso, qual é a marca que tem melhor desempenho (nota 5) e a que tem pior (1)?		5				1
P2.2 Para o direcionador Preço mais baixo, qual é a marca que tem melhor desempenho (nota 5) e a que tem pior (1)?					5	1
P2.3 Para o direcionador Qualidade, qual é a marca que tem melhor desempenho (nota 5) e a que tem pior (1)?		1			5	
P2.4 Para o direcionador Variedade de produtos, qual é a marca que tem melhor desempenho (nota 5) e a que tem pior (1)?	5	1				
P2.5 Para o direcionador Atendimento, qual é a marca que tem melhor desempenho (nota 5) e a que tem pior (1)?		5				1

continua

Exemplo numérico de como avaliar a marca

continuação

DIRECIONADORES	SHELL	ALE	ESSO	PETROBRAS	TEXACO	IPIRANGA
P2.6 Para o direcionador Design do posto, qual é a marca que tem melhor desempenho (nota 5) e a que tem pior (1)?					5	1
P2.7 Para o direcionador Confiança na marca, qual é a marca que tem melhor desempenho (nota 5) e a que tem pior (1)?					5	1
P2.8 Para o direcionador Lojas de conveniência, qual é a marca que tem melhor desempenho (nota 5) e a que tem pior (1)?		1		5		
P2.9 Para o direcionador Programa de fidelidade, qual é a marca que tem melhor desempenho (nota 5) e a que tem pior (1)?		1				5

Ao compilar os dados de todas as entrevistas realizadas, verificamos o resultado dos diferenciais percebidos de cada marca:

	marca 1	Petrobras	marca 2	marca 3	marca 4	marca 5	Shell	marca 6
SUMARIZAÇÃO POR MARCA								
Atendimento		4					10	
Design do posto		15					1	
Variedade de produtos		12					15	
Acesso		18	3				12	
Lojas de conveniência		9			3		9	
Confiança da marca		15					15	
Preço mais baixo	9			3		3		
Programa de fidelidade		9			3		9	
Qualidade		12					12	

O resultado mostra que algumas marcas se destacam como diferenciais competitivos percebidos em um misto de uma série de atributos, como a Petrobras e a Shell.

Outras marcas se sobressaem muito por uma proposta de valor com base em menor preço e programa de fidelidade.

7.1.3 Processo de decisão

Como o consumidor toma a decisão de abastecer em um posto de combustível? É a combinação de relevância com diferenciação, ou seja, de acordo com nossa metodologia, é o produto da relevância do atributo na categoria pelo diferencial de cada marca. No caso da Petrobras e da Shell, é o produto da relevância na categoria pelo diferencial percebido, cujo resultado é demonstrado a seguir:

SUMARIZAÇÃO POR MARCA		
	Petrobras	Shell
Atendimento	24	59
Design do posto	88	6
Variedade de produtos	39	48
Acesso	166	111
Lojas de conveniência	42	42
Confiança da marca	112	112
Preço mais baixo	0	0
Programa de fidelidade	24	24
Qualidade	103	103

Calculando-se a importância percentual dos atributos, temos, a seguir, o processo de decisão de compra dos clientes da Petrobras e da Shell.

SUMARIZAÇÃO POR MARCA		
	Petrobras	Shell
Atendimento	4%	12%
Design do posto	15%	1%
Variedade de produtos	6%	10%
Acesso	28%	22%
Lojas de conveniência	7%	8%
Confiança da marca	19%	22%
Preço mais baixo	0%	0%
Programa de fidelidade	4%	5%
Qualidade	17%	20%

Ao colocar esses resultados em um gráfico, temos o processo de decisão de compra de consumidores de cada uma das duas marcas:

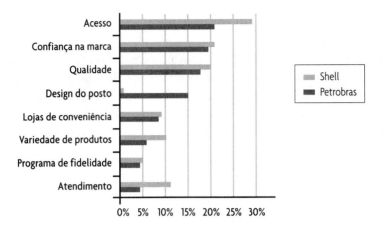

7.2 Contribuição da marca

Com base no processo de decisão de compra, isolamos os direcionadores mais importantes na ação de escolha, que é a decomposição dos motivos pelos quais os clientes escolhem a marca ou por meio dos quais é gerada a venda – ou, em nosso caso, a razão por que o consumidor abastece em determinada bandeira.

Por exemplo: se o cliente gasta R$ 600 por mês em combustível ao abastecer nos postos Petrobras, em média, os atributos pelos quais essa venda é realizada são os expostos no gráfico anterior.

Ao analisarmos o projeto de compra, observamos que o atributo confiança está totalmente associado à marca. Contudo, outros atributos (qualidade, atendimento etc.) também são muito influenciados pela marca.

No caso do direcionador "qualidade de combustível", algum consumidor consegue julgar fisicamente a qualidade do produto? Alguém é capaz de olhar para a gasolina que está sendo colocada em seu veículo e dizer que ela é de boa qualidade? Com certeza, não. Em geral, o consumidor utiliza o endosso da marca para basear essa decisão ou esse atributo, que está fundamentado em experiência anterior. Em alguns casos, o dono do posto confere essa credibilidade ou o canal consegue endossar o atributo. Pensando dessa forma, talvez faça realmente sentido algumas marcas de supermercado, como Extra e Carrefour, atestarem a qualidade do combustível.

Já no quesito "acesso", talvez o ativo intangível mais valorizado seja o sistema de distribuição da empresa, uma vez que, em geral, as pessoas sabem exatamente em qual posto irão abastecer. Entretanto, o julgamento desse atributo tende a ser absolutamente racional e físico. O mesmo ocorreria com atributos de preço e de programas de fidelidade.

Para cada um dos atributos, avaliamos a contribuição da marca no direcionador. A quantificação dessa contribuição é realizada por meio de uma análise de correlação das respostas do comportamento dos atributos em relação à confiança na marca. Essa correlação estatística nos fornece a contribuição da marca para cada direcionador, e é dessa maneira que separamos marcas de outros ativos intangíveis da empresa.

Ao utilizar essa relação, temos o cálculo da contribuição da marca para a Petrobras e para a Shell.

SUMARIZAÇÃO POR MARCA		
	Petrobras	Shell
Atendimento		1%
Design do posto		
Variedade de produtos		
Acesso		
Lojas de conveniência		
Confiança da marca	19%	22%
Preço mais baixo		
Programa de fidelidade		
Qualidade	14%	16%

7.3 Quantificando as alavancas de valor e o valor da marca

Considerando que um consumidor gaste R$ 600 por mês e que o resultado da venda líquida para a Petrobras como lucro após a remuneração de capital seja de 10%, por mês, cada cliente gera R$ 60 para a empresa.

Elevando esse cálculo para valores anuais, esse valor chega a R$ 720 por ano, por cliente. Supondo que haja 1 milhão de consumidores da marca Petrobras na região, o resultado econômico gerado será de R$ 720 milhões.

Se a marca desempenha contribuição de 32%, então o lucro anual é de aproximadamente R$ 230,4 milhões.

7.4 Qual seria o royalty justo de determinada marca?

Com base nesse modelo simplificado e hipotético, de quanto deveria ser o royalty justo de uma marca como a Petrobras?

Supondo-se que esse valor tenha perpetuidade infinita – ou seja, que a empresa nos próximos anos terá essa mesma geração econômico-financeira –, a uma taxa de desconto de 12% ao ano[1] chegamos a um valor de marca de R$ 1,92 bilhão.

Se a rentabilidade é de 10% da receita, e se a marca desempenha contribuição de 32%, o royalty recomendado será de 3,2% da receita da empresa pela utilização da marca.

7.5 Limitações do exercício

Os dados apresentados no exercício não têm validade estatística. Portanto, como foi dito, servem para ilustrar a utilização da ferramenta. Nenhum desses números pode ser utilizado como fonte de dados para quaisquer fins.

Também, em nosso modelo, em geral, recorremos uma taxa de desconto que reflete a força da marca. Nesse caso simplificado, não a empregamos, uma vez que o foco era apresentar as alavancas de valor, conforme demonstra a cadeia a seguir.

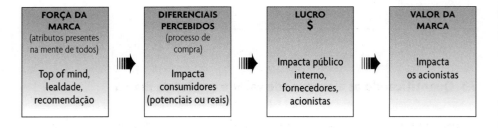

Capítulo 8

Ranking das marcas brasileiras mais valiosas em 2009

Uma das aplicações mais tangíveis sobre o tema valor da marca são os rankings das marcas mais valiosas, mais especificamente, o ranking da BrandAnalytics, em parceria com a Millward Brown e a *IstoÉ Dinheiro*. O objetivo deste capítulo é apresentar os detalhes desse trabalho, que mostra ao público o valor de marcas brasileiras sob uma metodologia global.

8.1 Introdução

Em 2009, duas marcas brasileiras aparecem entre as mais valiosas do mundo, de acordo com levantamento realizado pela Millward Brown Optimor e publicado no *Financial Times*. São elas: Petrobras e Bradesco.

Pelo segundo ano consecutivo, um ranking de valor das marcas locais também é lançado simultaneamente com um levantamento global. O ranking da *IstoÉ Dinheiro* (*Revista IstoÉ Dinheiro*, número 657, de 29 de abril de 2010) foi publicado na mesma semana do ranking publicado pelo *Financial Times*.

Foi utilizada, rigorosamente, a mesma metodologia. Nessa edição do ranking das marcas mais valiosas do Brasil, assim como em 2008, empregou-se, além da base de dados financeiros e de mercado de capitais da BrandAnalytics, a pesquisa de mercado BrandZ®, da Millward Brown.

Uma das inovações verificadas em 2009 foi também a inclusão da análise da percepção de outro público estratégico: os analistas de mercado do segmento de petróleo. Ouvimos esse público estratégico e, como era de se esperar, tivemos a grata constatação de que a Petrobras tem percepção muito boa por parte desse público.

Nosso modelo se baseia na premissa de que marcas fortes influenciam o processo de geração de valor do acionista, provendo um lucro muito mais sustentável do que aquele que advém de outros fatores.

A seguir, apresenta-se um fluxo de nosso processo de avaliação de marcas:

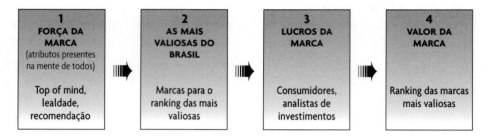

8.2 Etapa 1 – Força da marca

A primeira etapa de nosso trabalho é a mensuração da força da marca. Para tal, utiliza-se a metodologia de brand equity da Millward Brown, em um modelo denominado Brand Dynamics®.

Na elaboração desse ranking foi utilizada a BrandZ®, pesquisa realizada mundialmente pela Millward Brown, a maior base de dados sobre o relacionamento de consumidores com as marcas. São 10 anos de pesquisas de mercado, 1 milhão de consumidores entrevistados e 50 mil marcas comparadas em 31 países, envolvendo consumidores finais e B2B em 443 categorias.

No Brasil, realizaram-se aproximadamente 12,5 mil entrevistas, em 32 categorias, nas principais cidades do Brasil. Foram avaliadas, desse modo, 350 marcas. É importante destacar que, para o ranking das marcas mais fortes, consideramos somente o resultado do mercado do Brasil, ou seja, o desempenho da marca no território nacional.

Para o mercado de capitais e analistas de investimentos, foram aproximadamente 60 entrevistas com analistas de mercado (23 específicos do setor de Petróleo) e 100 entrevistas com investidores pessoa física.

As marcas brasileiras mais fortes em 2009

O critério para a conclusão da marca mais forte é obtido com o processamento das pesquisas que, ao final, consideram duas variáveis-chave: a presença e o BrandVoltage®.

Presença – É um índice que reflete o conhecimento da marca.
BrandVoltage® – É uma métrica que exprime o sucesso de uma marca em converter o conhecimento dessa marca em níveis de lealdade.

Tem-se, então, o Índice de Brand Equity, que é uma medida que conjuga o fato de a marca ser conhecida e a proporção de clientes *bonding* (com associações e percepções muito claras e com o posicionamento de marca na mente dos consumidores alinhados com a promessa da marca).

Por meio do Índice de Brand Equity, compreende-se que uma marca olímpica é aquela que tem presença e um posicionamento bastante claro, com elevado nível de lealdade dos consumidores.

N°	MARCA	FORÇA DA MARCA			
		2007	2008	2009	VARIAÇÃO
1	Omo	13,9	16,6	14,3	-14%
2	McDonald's	13,7	14,6	13,4	-8%
3	Petrobras/BR	12,6	13,1	11,9	-9%
4	Coca-Cola	14,6	12,9	11,9	-8%
5	Microsoft	11,9	14,0	9,9	-29%
6	Colgate	n/a	n/a	8,2	
7	Nokia	4,3	5,1	7,5	48%
8	Porto Seguro	n/a	n/a	6,5	
9	Rexona	6,8	7,6	5,6	-26%
10	Smirnoff	n/a	8,0	5,5	-31%
11	Pão de Açúcar	7,0	6,8	5,2	-24%
12	Sorriso	n/a	n/a	4,8	
13	Fiat	n/a	n/a	4,6	
14	Sensodyne	5,9	5,6	4,6	-18%
15	Claro	n/a	n/a	4,5	
16	TIM	n/a	n/a	4,3	
17	Carrefour	5,6	4,9	4,1	-17%
18	Vivo	5,5	5,1	4,0	-22%
19	Ariel	n/a	n/a	3,9	
20	Banco do Brasil	4,6	5,0	3,8	-24%

Fonte: Revista *IstoÉ Dinheiro*, n° 657, ano 2010.

Em geral, houve queda na força das marcas que tinham liderança bastante acentuada, porém a presença de entrantes ou o aumento da concorrência foi fator bastante importante. Por exemplo, em 2008, a marca Ariel não estava nem presente entre as de maior força.

O aumento da competição, a abertura de mercado e novos players podem, de fato, de alguma maneira, influenciar esse movimento.

8.3 Etapa 2 – Ranking das marcas brasileiras mais valiosas

O critério de seleção das empresas a serem avaliadas considerou companhias de capital aberto e com disponibilidade de informação pública para segregação das marcas. Além disso, estas deveriam obedecer ao seguinte requisito: ser marcas cujo comando fosse predominantemente brasileiro. Na ocorrência de acionistas estrangeiros, a operação da empresa deveria estar majoritariamente no Brasil – por exemplo, a Vivo (a Nescafé é uma marca global).

Segregamos o valor de algumas marcas conforme o segmento, como:

◆ Mercados interno e externo – Marcas brasileiras de empresas brasileiras foram segregadas conforme o mercado de atuação: por exemplo, a marca Brahma foi avaliada em cada um de seus mercados de atuação, assim como Sadia, Perdigão e Swift, entre outras.
◆ Segmentos financeiros – Segregamos conforme algumas categorias, como banco de varejo e seguradoras.
◆ Mercado B2B e B2C – Essa é talvez a melhoria que temos em 2009. Para uma marca como a Petrobras, foram segregados seus resultados financeiros em Distribuição e no segmento Refino e Exploração & Produção. Denominamos o primeiro B2C, que é uma operação semelhante ao varejo. Portanto, consideraram-se para esses resultados a contribuição da marca com os consumidores. O segmento de refino e exploração & produção foi considerado segmento B2B. Nele, quantificamos a contribuição da marca com base na percepção dos analistas de mercado de capitais.

Ao final, a BrandAnalytics selecionou e avaliou 147 empresas de capital aberto, o que gerou um universo de 200 marcas analisadas (havíamos citado 350 marcas, das quais obtivemos dados de pesquisas de mercado – aqui nos referimos às marcas que serão avaliadas financeiramente).

8.4 Etapa 3 – Lucros da marca

8.4.1 Análise financeira

A base inicial de informações é o Valor de Mercado (Market Capitalization) da empresa e o valor de seus ativos tangíveis. A diferença entre esses dois valores corresponde ao valor dos ativos intangíveis (ou Valor Adicionado de Mercado – Market Value Added).

Dentre os ativos intangíveis se destacam marca, capital humano, tecnologia, sistemas de distribuição, sistemas de produção, base de clientes, patentes e fórmulas.

Por meio da anualização do valor dos ativos intangíveis pelo período de projeção ao custo de oportunidade de capital da empresa, obtém-se a projeção de resultados dos ativos intangíveis.

Em 2009, o modelo de cálculo considera as premissas do estudo das marcas globais mais valiosas da Millward Brown Optimor:

- Valor de mercado das empresas – A base do estudo foi o valor de mercado da empresa média no último semestre de 2009. (Fonte: Bloomberg)
- A fonte de informações sobre a participação de mercado das empresas e os resultados dentro de empresas com várias marcas foi realizado com base em dados da DataMonitor.

No caso das construtoras, também segmentamos especificamente a venda de imóveis de alto padrão, populares e comerciais.

No caso de empresas do setor de alimentos, segregamos por mercado (externo e interno) e produtos *in natural*processados. Nesse segmento, especificamente no caso da Perdigão e da Sadia, excluímos, respectivamente, marcas como Batavo e Granja Rezende, entre outras.

8.4.2 Contribuição da marca – Consumidor final

Para separar a importância da marca em relação aos outros intangíveis, foram utilizados os dados da BrandZ® – pesquisa de natureza quantitativa que busca compreender o relacionamento dos consumidores com as marcas.

Com base em uma pirâmide, denominada BrandDynamics®, apuraram-se quantos consumidores possuem relacionamento mais emocional com as marcas e também aqueles que levam em conta atributos como preço e localização, mais racionais. Nesse procedimento, estimamos o papel da marca na geração de resultados da empresa (*brand contribution*). No caso específico dos bancos, a pesquisa foi realizada para os segmentos pessoa física, pessoa jurídica, seguros e previdência e cartões.

MARCA	SEGMENTO	CONTRIBUIÇÃO DA MARCA	
		2008	2009
Bradesco	banco	0,9	1,0
Itaú	banco	1,2	1,2
Banco do Brasil	banco	1,2	1,1
Unibanco	banco	0,6	0,8
Lojas Americanas	varejo	0,9	0,9
Pão de Açúcar	varejo	2,0	2,0
Extra	varejo	1,6	1,6
CompreBem	varejo	0,5	0,5
Oi	telecomunicações	1,2	0,7
Vivo	telecomunicações	1,2	1,3
Iguatemi	shopping centers	1,8	1,8
Bradesco	seguros	2,6	2,6
Itaú	seguros	2,9	2,4
Banco do Brasil	seguros	2,5	2,2
Unibanco	seguros	2,5	1,2
Porto Seguro	seguros	3,3	3,4
Medial Saúde	saúde (individual)	1,0	1,0
Sul América	saúde (individual)	2,4	2,5
Amil	saúde (individual)	1,3	1,8
Positivo Informática	informática (varejo)	1,7	1,6
Petrobras	distribuidora de combustíveis	3,1	3,1
Ipiranga	distribuidora de combustíveis	2,6	2,5
Antarctica	cerveja e refrigerantes	2,8	2,5
Brahma	cerveja	3,4	3,6
Skol	cerveja	3,9	3,6
Batavo	lácteos	1,5	2,0
Localiza	aluguel de veículos	1,0	1,3
Sadia	alimentos	2,5	2,6
Perdigão	alimentos	2,3	2,5
Natura	tratamento capilar	3,7	3,5

continua

continuação

MARCA	SEGMENTO	CONTRIBUIÇÃO DA MARCA	
		2008	**2009**
Natura	tratamento facial	3,3	3,4
Natura	desodorante masculino	3,0	3,1
Natura	desodorante feminino	3,6	3,1
Natura	tratamento corporal	3,7	3,8
Havaianas	sandálias	4,0	3,8
Seara	alimentos	1,5	1,5

Fonte: Revista *IstoÉ Dinheiro*, nº 657, ano 2010.

As etapas da determinação da *brand contribution* são:

1. Os segmentos são definidos em razão do relacionamento dos consumidores com as marcas, com base na Pirâmide da BRANDZ®.
2. Excluímos o efeito de vendas oriundas de fatores não relacionados à marca (por exemplo: quando um consumidor escolhe um produto por menor preço ou atributos tangíveis).
3. O cálculo deriva da porcentagem de lucros dos dois últimos degraus da pirâmide BrandDynamics.®

Ao se aplicar esse percentual da marca sobre a projeção de lucro dos intangíveis são obtidos os lucros exclusivos da marca.

8.4.3 Contribuição da marca – Investidor: segmento de petróleo

Quando perguntamos aos analistas de mercado[1] sediados em Nova York e Londres se recomendam (ou não) papéis de empresas do segmento de petróleo, a resposta ainda estava com as concorrentes Shell, BP e Exxon. A Petrobras aparece com 43% (contra Shell – 87%, BP – 96% e Exxon – 96%), pois é um papel pouco conhecido. Contudo, para os analistas que conhecem a Petrobras, utilizando a expectativa derivada das vantagens competitivas, a multibrasileira aparece com muito destaque nos atributos:

◆ Maior potencial para futuras tecnologias (50% contra a segunda, Shell, com 14%).

- Mais reservas de petróleo que os concorrentes – aqui talvez pelo efeito pré-sal e outras descobertas da empresa (42% contra a segunda, Shell, com 23%).
- Boa parceria com governos locais – aqui talvez por causa da "carona" com a marca País ou a marca Brasil, que carrega a percepção de um país amigável (27% contra a segunda, Petrochina, com 15%).
- Destaque no esforço de ser ambientalmente responsável – mas não líder (6% contra a primeira, com 9%).

Essa é uma marca que poucos conhecem, mas os que estão familiarizados com ela têm percepção muito forte e um nível de lealdade bastante grande.

Como resultado desse processo, a contribuição da marca Petrobras no segmento é de 4,5%.

8.5 Etapa 4 – Ranking das marcas brasileiras mais valiosas

O valor da marca é o resultado da atualização dos lucros futuros exclusivos a ela pela taxa de desconto que reflete seu risco.

| Nº | MARCA | SEGMENTO | FORÇA DA MARCA | | VARIAÇÃO |
			VALOR (R$MIL)	VALOR DA MARCA VALOR DA EMPRESA	
1	Petrobras	energia	19.278	4,38%	735%
2	Bradesco	bancos	14.851	14,37%	23%
3	Itaú	bancos	13.298	11,81%	35%
4	Banco do Brasil	bancos	11.026	13,92%	31%
5	Natura	cosméticos	6.106	39,98%	54%
6	Skol	bebidas	5.426	27,25%	33%
7	Brahma	bebidas	2.509	27,24%	24%
8	Perdigão	alimentos	2.060	17,93%	83%
9	Casas Bahia	varejo	1.895	25,01%	n/a
10	Sadia	alimentos	1.623	18,74%	114%
11	Vivo	telecomunicações	1.619	6,53%	77%
12	Unibanco	bancos	1.584	3,80%	-6%
13	Oi	telecomunicações	1.539	3,73%	72%
14	Vale	mineração	1.399	0,54%	78%
15	Antarctica	bebidas	1.071	20,52%	-38%
16	NET	telecomunicações	881	9,50%	26%
17	Lojas Americanas	varejo	854	8,12%	45%

continua

continuação

Nº	MARCA	SEGMENTO	FORÇA DA MARCA VALOR (R$MIL)	VALOR DA MARCA VALOR DA EMPRESA	VARIAÇÃO
18	Embratel	telecomunicações	800	5,34%	10%
19	Redecard	administradora de cartões	747	3,66%	n/a
20	Cielo	administradora de cartões	736	2,96%	n/a
21	TAM	transporte aéreo	695	7,68%	-11%
22	Totvs	IT	644	19,07%	n/a
23	Extra	varejo	638	11,29%	45%
24	Porto Seguro	seguradoras	636	12,89%	-28%
25	Fleury	laboratórios	621	26,76%	n/a
26	Ipiranga	distribuidora de combustíveis	581	7,59%	16%
27	Swift	alimentos	564	19,39%	n/a
28	Cyrela Realty	construção e engenharia	526	4,60%	14%
29	Anhanguera	educação	513	16,59%	166%
30	Gol	transporte aéreo	446	7,32%	-8%
31	Pão de Açúcar	varejo	432	21,03%	9%
32	GVT	telecomunicações	424	6,36%	n/a
33	CSN	siderurgia	423	0,73%	n/a
34	Marisa	varejo	382	11,58%	n/a
35	Lojas Renner	varejo	369	8,56%	17%
36	PDG Realty	construção e engenharia	366	5,58%	n/a
37	Havaianas	moda	355	38,05%	-15%
38	Del Valle	bebidas	345	38,06%	n/a
39	Drogasil	drogaria	343	24,45%	n/a
40	MRV	construção e engenharia	340	5,50%	n/a
41	Gerdau	siderurgia	339	0,79%	21%
42	Iguatemi	administradora shopping centers	339	17,15%	78%
43	Embraer	material aeronáutico	327	4,51%	-40%
44	Ultragaz	distribuidora de combustíveis	310	11,22%	34%
45	Amil	planos de saúde	310	9,42%	-5%
46	Seara	alimentos	304	14,80%	n/a
47	Localiza	aluguel de carros	301	7,49%	35%
48	Estácio	educação	294	17,26%	n/a
49	Adria	alimentos	256	25,13%	n/a
50	Batavo	alimentos	242	17,06%	14%

Fonte: BrandAnalytics Consultoria, maio de 2010.

Ranking das marcas brasileiras mais valiosas em 2009

Reflexões e conclusão

Conforme mencionado na Introdução, este livro não buscou criar uma teoria, mas, sim, compilar uma série de teorias, com exemplos mais próximos do Brasil, o que, definitivamente, não é algo simples.

Aproveito para fazer uma observação final sobre algumas reflexões transmitidas tanto em salas de aula, nos cursos de MBA, quanto em nossos clientes, grandes empresas.

Gostaria de ressaltar a necessidade de uma linguagem comum entre marketing e finanças. Sendo a marca esse ativo de tamanha importância, devemos trabalhar e orientar nossos esforços para a otimização desse valor na organização.

Neste livro, foi apresentado o ponto do valor do acionista ou valor dos ativos intangíveis de uma empresa. Entender essa percepção é uma visão de negócios e de oportunidades que pode alavancar o valor do acionista. Mencionamos também o poder das redes sociais e como isso pode alterar o conceito de branding.

Na realidade, a chegada dessas novidades tecnológicas leva a uma verdadeira revolução em tudo, principalmente na mídia tradicional. Como prova disso, a maioria das agências de publicidade inicia um movimento de ampliação da oferta de serviços. Não quero, com isso, dizer que a mídia tradicional não seja importante. Somente destaco que a comunicação tem de partir para um modelo de negócios que ofereça soluções integradas, e é aí que o branding entra.

Nesta obra, partimos para o modelo mais conceitual de como fazer um diagnóstico de marca ou o que é a identidade de uma marca. Como referência, foi utilizado um material bastante interessante: o denominado Prisma de Identidade, cujos conceitos foram desenvolvidos por Jean-Noël Kapferer. Também é interessante observar alguns casos de fracassos de branding pela falta de uma identidade clara, com erros de mimetismo, oportunismo e idealismo.

O Capítulo 3 trata de uma abordagem para articulação de posicionamento da marca, que considera a estratégia de negócios da empresa, o contexto competitivo e as eventuais necessidades não atendidas da categoria. Também são abordados a estrutura de posicionamento, que ilustra a definição do negócio, o público a ser potencializado, os diferenciais pelos quais a marca deseja ser percebida e o que, de fato, a marca entrega ao consumidor final. Apresenta-se uma ferramenta fundamental na implementação: a definição de atributos que serão priorizados na execução do programa, a qual se mostrou muito efetiva. Nesse capítulo, o Glocal (Think Global, Act Local), inspirado em um livro de Nigel Hollis, aparece como conceito fundamental em posicionamento de marca. A obra aborda um desafio importante tanto para marcas globais quanto para marcas locais.

Após o Capítulo 3, a Revolução do Valor da Marca e informações sobre as aplicações da ferramenta, bem como alguns casos recentemente vivenciados, são abordados. É muito importante mencionar a evolução do conceito e como esta vem trazendo resultados importantes para o suporte analítico ao processo de decisões de branding, bem como para o incremento do conceito com as empresas.

Um capítulo específico foi dedicado ao tema Registro de Valor de Marca em Balanços Patrimoniais, bem como foi apresentada posição pessoal no que tange ao tema. Primeiro, para MARCAS GERADAS INTERNAMENTE (E NÃO COMPRADAS), não é possível reconhecer seu valor no balanço patrimonial segundo as últimas legislações brasileiras – inclusive a Lei nº 11.638. Esse registro somente é permitido quando existe operação de desembolso de caixa da adquirente e, a despeito de ser sócio de uma consultoria de avaliação de marcas, somos contrários ao registro de valor da marca no balanço patrimonial.

Pelos princípios contábeis, o balanço patrimonial tem objetivos fiscais e tributários de registrar o passado e o presente das operações da empresa. A maioria dos métodos de avaliação de marcas tem como base expectativas futuras de resultados atualizados a valor presente e com grau de subjetividade que faz dele um ativo intangível. Isso quer dizer que somos contrários à ideia de financeiros e acionistas compreenderem esse valor? NÃO! Talvez a melhor maneira de explicitá-lo para empresas que possuem a marca gerada internamente seja a linha que segue o IFAC – International Federation of Accountants –, que é a criação de um documento gerencial específico, o Intellectual Capital Statement (Declaração do Capital Intelectual, em português), que envolve capital humano, reputação corporativa, outros intangíveis e, obviamente, marcas. Detalhamos um pouco disso tudo no Capítulo 5, sobre valor da marca sob a ótica financeira.

No Capítulo 6, sobre métodos de avaliação de marcas, com base no mapeamento da força da marca, mostra-se o chamado risco financeiro ou a taxa de desconto que atualizará os lucros projetados pela marca.

A segunda parte do capítulo aborda as alavancas de valor ou como os brand equities geram valor ao acionista. A partir daí, são citadas as metodologias para quantificar o valor da marca. Existem alguns métodos possíveis para tal quantificação, e todos eles são complementares. Não existe um que seja mais ou menos correto. Em algumas situações, pode ser útil utilizar o método premium price; em outras, o método do uso econômico. O que sempre digo a meus clientes é que os métodos são complementares e jamais competidores.

Como aprendizado para a implementação efetiva desse conceito, surgem algumas respostas a difíceis questionamentos dos clientes:

1. Avaliar uma marca é muito subjetivo, chegando a ser arbitrário?

Primeiro, se a pessoa entende que avaliação de marca é "rocket science", ou ciência exata, acho que deve rever seus conceitos. Não existe equação para se chegar ao valor da marca. Aliás, por favor, não confie em soluções milagrosas ou em sites que solicitam algumas informações e que enviam o valor por e-mail – o pior é que, se você procurar, encontrará isso. O que existe, sim, é uma ferramenta e, como toda ferramenta, depende dos *inputs* pelos quais são inseridos os modelos.

Essa ferramenta estava, inicialmente, baseada em um conceito, que afirma que um ativo tem valor pelo lucro futuro projetado, atualizado por uma taxa de desconto que reflete seu risco. Como ex-sócio da Trevisan, emiti pelo menos duzentos pareceres de valor econômico-financeiro para empresas com base nessa metodologia. Dentre esses pareceres estavam as empresas que foram privatizadas pelo governo de 1995-2000, bem como uma série de vendas e compras de organizações. Várias vezes fomos contratados por bancos para reestruturar instituições que estavam, naquele momento, endividadas e com problemas financeiros. Tudo isso era feito por meio do conceito de valor de empresas com base no uso econômico. Não existia incerteza nesse processo? Claro que sim! É obvio que o mercado financeiro entende esse método e que há dúvida ou risco em qualquer projeção, e lembro que, no caso da avaliação de empresas, fazíamos uma projeção de dez anos de fluxos futuros de caixa.

Alguém consegue ter noção clara do que é projetar um ano da operação? É claro que não é algo simples. Existem hesitações associadas ao processo de avaliação de empresas, porém, o mercado – inclusive as empresas de auditoria – aceitava esses pareceres, ou seja, entendia ser algo subjetivo e, por isso, haver a taxa de desconto ou risco. Nessas operações, aprendi a realizar verificações com a contabilidade das empresas e a fazer com que as projeções sejam as mais acuradas.

Para minimizar o risco de uma projeção incorreta e para manter nossa independência, a melhor maneira é cercar-se do máximo possível de ferramentas quantitativas. Nesse sentido, a percepção externa – pesquisas – pode reduzir muito o risco. Assim, o maior papel da pesquisa de mercado é validar as premissas e as percepções internas; portanto, esta não é arbitrária, e, sim, subjetiva.

O importante sempre, em todo o processo de avaliação, é deixar muito claro quais foram as premissas que dirigiram esse valor e ser o mais transparente possível (jamais ter caixas-pretas ou elementos que os clientes ou as pessoas não entendem, bem como nunca acreditar somente em benchmarks globais, pois o risco de extrapolarmos uma informação pode ser imenso, já que o Brasil possui características muito específicas).

2. Faz sentido fazer a projeção financeira com base no orçamento?

Várias vezes escutei que teremos de utilizar o orçamento de longo prazo (cinco anos) para realizar nosso trabalho de avaliação. Em alguns casos, pode funcionar, mas existe o risco de as projeções serem utilizadas para monitorar o desempenho comercial dos diretores da empresa. Neste caso, as projeções são SEMPRE conservadoras em demasia. Mais uma vez, o orçamento financeiro é uma peça que, em muitos casos, é utilizada pela área financeira para dimensionar a necessidade de caixa da empresa e, por isso, deve ser um pouco conservador.

Quando partirmos exclusivamente dos números financeiros, também pode haver conservadorismo excessivo por conta de quem executa o orçamento em algumas situações não utilizar a inteligência de mercado e os dados de pesquisa para estabelecer a projeção futura da participação de mercado da empresa. Como demonstrado no Capítulo 6, uma marca forte (que possui brand equities muito estabelecidas) possui alavancas de valor que, em alguns casos, não são totalmente mensuradas no orçamento de longo prazo da empresa.

Em diversos casos, quando mostramos nosso modelo de avaliação de marcas que envolvem a área financeira, existe uma reflexão bem forte sobre as projeções de longo prazo.

Outro ponto importante é que a empresa normalmente monitora seus números com base em produtos, e não em características de segmentos. Esse talvez seja um dos maiores problemas de se trabalhar com os números do orçamento. É exatamente aí que existe a necessidade de se partir de dados de pesquisas de mercado para ser possível entender e compreender o valor adicionado de uma proposta de valor.

No modelo de brand equity da Millward Brown existe o que denominamos *bonding*, que é a proporção de consumidores leais à marca. Nos estudos dessa empresa, mostramos que os clientes fiéis chegam a gastar dez vezes mais que aqueles que simplesmente conhecem a marca. Estamos, de alguma maneira, projetando resultados financeiros corretamente.

Assim, suponha que essa marca tenha 10% dos consumidores leais. A empresa está projetando receitas, custos e despesas para esses clientes? É o mesmo que fazer uma projeção financeira de longo prazo para consumidores como um todo? Em muitos casos, mesmo sendo empresas de bens de consumo, as projeções são metas comerciais.

3. A empresa entende que parte do valor dos ativos intangíveis é a marca. O difícil é saber quanto é marca e quanto são outros ativos intangíveis.

Diversas vezes fui a empresas e percebi uma noção muito clara de valor do negócio com base no fluxo de caixa descontado. Entretanto, a empresa entende que separar a marca dos outros ativos é algo muito difícil.

Em primeiro lugar, se a lógica de se entender a cadeia de valor da marca, conforme apresentado no Capítulo 6, faz sentido, então percebemos que a percepção externa extrai valor do acionista. Assim, também faria sentido, com base no mapeamento das percepções ou dos diferenciais competitivos compreendidos, extrair a parcela da marca no processo de escolha dos públicos externos.

No fundo, o que ilustramos no Capítulo 7, e que denominamos contribuição de marca por meio de um modelo de correlação de atributos, é um pouco a forma de decompor o processo de escolha do cliente e entender os drivers e a correlação dos fatores com a marca, quantificando a contribuição da marca. Os colegas da Millward Brown nos auxiliaram muito em importantes projetos, como os da Petrobras e da Nextel. Aplicamos essa metodologia com uma base estatística muito robusta e em um modelo bastante sólido.

Em segundo lugar, o que considero fator crítico de sucesso de um processo de brand valuation é treinar os usuários do sistema e fazer com que o modelo seja transparente para a organização. Somente assim a empresa poderá entender os pontos fortes e fracos do modelo e, com isso, ser a guardiã do projeto. O grande problema é que, em alguns casos, ou a empresa não está preparada – destina ao projeto profissionais não muito capazes de enfrentar esse desafio – ou a organização que está desenvolvendo o projeto não permite que outra empresa tenha acesso às informações. Desse modo, o modelo vira quase uma caixa-preta. Obviamente ninguém confia no que não conhece e não sabe as premissas por trás do modelo.

Reflexões e conclusão

Assim, precisamos ter um modelo matematicamente potente e assumir que, como todo o modelo – por definição modelo é uma simplificação da realidade –, ele possui vulnerabilidades. É preciso reduzir essa vulnerabilidade com base em mais informações.

4. Em seu entender, qual é a maior vulnerabilidade do modelo?

Uma das maiores restrições do modelo é que, em geral, ele considera público estratégico o consumidor final ou os clientes (canal). Na realidade, esse modelo foi originalmente concebido para empresas de bens de consumo, às quais a percepção do consumidor final influencia bastante na geração de valor do acionista. Veja, por exemplo, o caso da Coca-Cola ou de uma marca de luxo, ou até mesmo de um grande banco de varejo.

Entretanto, existem diversos outros casos de empresas em que outros públicos estratégicos desempenham papel muito importante, como o acionista, a percepção da sociedade, dos colaboradores etc.

Para esses públicos, utilizamos uma abordagem que busca decompor o valor do acionista junto com os chamados públicos estratégicos e suas alavancas de valor. O princípio é muito semelhante ao da avaliação de marcas para consumidores finais, porém considera diversos outros fatores.

Com base nessa decomposição, estabelece-se a relação causa-efeito no valor do acionista. Esse modelo é bastante adequado para uma empresa de energia elétrica,

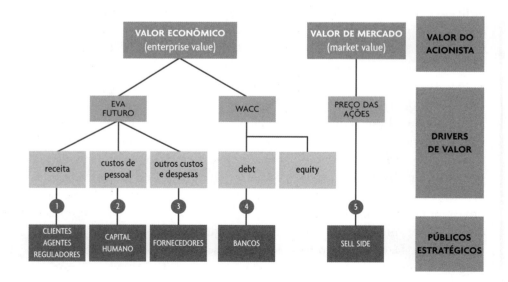

uma mineradora, entre outros segmentos B2B. Em nosso ranking das marcas brasileiras mais valiosas, apresentado no Capítulo 8, mostramos os resultados de uma pesquisa de mercado que envolve o chamado Sell Side – analistas do mercado de capitais do segmento de petróleo – e uma maneira de incorporarmos e melhorarmos muito nossa metodologia.

Nesses mais de 15 anos de carreira como consultor e mais de 20 como acadêmico do tema, reuni vários pontos teóricos, os quais fui condensando nesta obra. Como referência para os que estudam e até mesmo buscam mais informações, entendi a forma como meu aluno do MBA, aquele que gravava minhas aulas, gostaria que a obra fosse documentada. Que esta seja fonte de inspiração para os que iniciam e para profissionais envolvidos nesta área, que pode ser bastante benéfica para as empresas.

Em relação aos métodos de avaliação de marcas, quero enfatizar que esta obra abordou a marca sobre a ótica do público consumidor ou cliente final. Em determinados casos, algumas empresas trabalham a marca concentradas em outros públicos estratégicos, como o investidor, colaborador, entre outros; uma vez que, no processo de escolha de clientes, muitas vezes o cliente final é muito orientado a atributos físicos e, em alguns outros casos, existe o monopólio (por exemplo, no caso de indústrias do segmento de eletricidade ou até mesmo do refino em empresas de petróleo em alguns países).

Abordamos, nesta obra, a possibilidade de que o branding seja parte integrante do modelo de negócio, tornando-se uma importante alavanca de valor ao acionista, o qual perceberá que a marca é um ativo gerador de valor.

Notas

Introdução

1 MBA em Estratégia de Mercado, da FGV; MBC da FGV; MBA em Gestão Estratégica de Luxo, da FAAP; MBA em Gestão da Moda, da FAAP; MBA em Branding, da FIA-USP e da Fundace USP-Ribeirão Preto; MBA da Universidade Positivo e Mestrado do INPI.

2 Por sinal, em 2009, o Google era a marca mais valiosa do mundo, segundo o ranking da Millward Brown Optimor, publicado no *Financial Times*.

3 CHARRON, Chris; NAIL, Jim; SCHMITT, Eric e MCHARG, Tenley. "What's in store for marketing in 2005? – Forrester Research". *CMO Magazine*, abril de 2005. Uma fonte muito interessante de informações sobre essa nova realidade do marketing se encontra em www.cmomaganize.com.

4 LEV, Baruch. *Intangibles: management, measurement, and reporting*. Washington: Brookings, 2001.

5 *Harvard Business Review*, fevereiro de 2004.

Capítulo 1

1 RIES, Al e RIES, Laura. *The 22 immutable laws of branding: how to build a product or a service into a world-class brand*. Nova York: HarperCollins, 1998.

2 HOLT, Douglas. *How brands become icons*. Boston: Harvard Business School Press, 2004.

3 ARNOLD, David. *Handbook of brand management*. Hertfordshire: Ashridge Business School, 1992.

4 BLACKETT, Tom e outros. *"Brands and Branding"*. *The Economist*, 2003.

5 JOBS, Steve. *"The Seed of Apple's Innovation"*, *BusinessWeek*.

6 ARNOLD, David. *Handbook of brand management*. Hertfordshire: Ashridge Business School, 1992.

7 KAPFERER, Jean-Noël. *As marcas, capital da empresa: criar e desenvolver marcas fortes*. 3. ed. Porto Alegre: Bookman, 2003.

8 KELLER, Kelvin Lane. *Strategic brand management – Building, measuring and managing brand equity*. Nova Jersey: Prentice Hall, 1998.

9 *Revista Amanhã*, nº 244, julho de 2008. Artigo de Eduardo Tomiya sobre o livro *Citizen marketers – Clientes armados e organizados: ameaça ou oportunidade?* (São Paulo: M. Books, 2008).

10 KLEIN, Naomi. *Sem logo: a tirania das marcas em um planeta vendido*. Rio de Janeiro: Record, 2002.

11 O termo stakeholder refere-se a todos os públicos estratégicos da empresa: consumidores, clientes, colaboradores, fornecedores, sociedade, acionista, entre outros.

12 HAIG, Matt. *Brand failures: the truth about the 100 biggest branding mistakes of all time*. Londres: Kogan Page, 2003.

13 SULLIVAN, Patrick. *Value driven intellectual capital – How to convert intangible assets into corporate value*. Nova Jersey: John Wiley and Soons, 2000.

Capítulo 2

1 "O Sucesso pode matar". Entrevista com Jim Collins. Revista *Exame*, edição 946, ano 43, nº 12, 1º de julho de 2009.

2 COLLINS, Jim. *How the mighty fall: and why some companies never give in*. Nova York: HarperCollins, 2009.

3 "The Seed of Apple's Innovation". *Business Week*, 12 de outubro de 2004.

4 Na edição da Revista *RI*, nº 131, publicada em abril de 2009, existe um artigo de minha autoria que explica as metodologias de cálculo do valor da marca.

5 Tive a grande felicidade de ser sócio da Trevisan Consultores de 1995 a 2000, mais especificamente da área de Corporate Finance. Em pareceres independentes de avaliação de empresas, é absolutamente fundamental que a credibilidade dos laudos seja incontestável, pois, em geral, atribuíamos valores de empresas que suportavam operações de milhões de reais.

6 KAPFERER, Jean-Noël. *The new strategic brand management – Creating and sustaining brand equity long term*. 4. ed. Londres: Kogan Page, 2008.

7 Trabalho apresentado na disciplina Estratégia e Política de Marcas – GEEM – FGV-SP, por Rodrigo Hoenen e Alessandra Drumond.

8 "Escutamos você" – nítida declaração de atenção a seus consumidores.

9 RIES, Al e TROUT, Jack. *Positioning: the battle for your mind*. Nova York: McGraw-Hill, 2000.

10 MBO – Management Buy-Out é uma operação em que diretores e funcionários da empresa compram a empresa e passam a ser sócios do negócio. A Armco do Brasil foi um dos casos mais bem-sucedidos de operações dessa natureza, cujos gestores foram liderados pelo senhor Jaime Schreier.

11 A fonte do gráfico é a pesquisa BrandZ, realizada com 12.400 entrevistados em diversas categorias. O gráfico ilustra os três parâmetros considerados na força de uma marca, porém o mais importante é o Voltage, que será explicado no Capítulo 8.

Capítulo 3

1 ARNOLD, David. *Handbook of Brand Management*. Hertfordshire: Ashridge Business School, 1992.

2 TYBOUT, Alice e STERNTHAL, Brian. *Kellogg on branding – The marketing faculty of the Kellogg School of Management*. Nova Jersey: John Wiley & Sons, 2005, cap. 1, pp. 11-15.

3 AAKER, David. *Building strong brands*. Nova York: Free Press, 1996, pp. 176-178.

4 KAPFERER, Jean-Noël. *The new strategic brand management – Creating and sustaining brand equity long term*. 4.ed. Londres: Kogan Page, 2008, pp. 175-177.

5 KAPFERER, Jean-Noël. *[Re]inventing the brand – Can top brands survive in new market realities?* Londres: Kogan Page, 2001, pp. 32-35.

6 Union SDA é uma cooperativa de açúcar da França, uma das maiores produtoras de açúcar na França.

7 Entropia = nível de " bagunça" dos sistemas. Isso é muito utilizado em Termodinâmica.

Capítulo 4

1 A metodologia do fluxo de caixa descontado define o valor da empresa pelo valor presente líquido dos lucros futuros projetados, atualizados a uma taxa de desconto que reflete o risco do acionista.

2 Uma marca forte gera lucros por meio de um prêmio de preço em relação aos concorrentes.

3 Marcas fortes geram estabilidade nas vendas, pois, com uma proposta de valor muito clara na mente dos consumidores, estes possuem um custo de saída maior que marcas fracas.

4 Marcas fortes possuem um custo operacional mais baixo, pois, com a extensão de marca, conseguem otimizar seu investimento em comunicação. Também têm a capacidade de atrair melhores talentos e fornecedores. Em termos de custos de oportunidade de capital, diversas evidências mostram que o risco ou a volatilidade de papéis de empresas de marcas fortes é menor que empresas com marcas fracas.

5 Securitização de marcas é o processo pelo qual as marcas são dadas como garantia de empréstimos.

6 KAYO, Eduardo Kazuo. "A estrutura de capital e o risco das empresas tangível e intangível-intensivas: uma contribuição ao estudo da valoração de empresas". São Paulo: FEA/USP, 2002. Tese de doutorado.

Capítulo 5

1 Para os que a desconhecem, a metodologia do uso econômico é um dos meios mais utilizados pelas empresas de auditoria/consultoria quando necessitam justificar, por intermédio de um parecer, o goodwill, fundo de comércio ou ágio oriundo de uma aquisição. Em vários casos, esse procedimento foi utilizado para determinar o preço mínimo de empresas em leilões de privatização e operações de fusão e aquisição.

Gestão do valor da marca

2 Já a metodologia de avaliação de marcas parte do valor dos lucros futuros e entende, por meio de pesquisas de mercado com os consumidores, a importância da marca na geração de lucros – seja no processo de compra (como a marca alavanca os lucros do negócio), seja na geração de um premium price ou na cobrança de uma taxa de royalty – e quão forte ela é para dar mais estabilidade aos lucros futuros da marca. O valor da marca é o valor presente líquido dos lucros futuros da marca.

3 Essa é uma das dificuldades com as quais lidamos durante uma securitização de dívidas, mais especificamente ao fornecer marcas como garantia de empréstimo. Os bancos têm dificuldade para realizar esse ativo fora do contexto normal de operação da marca, que tem valor para determinado contexto operacional ou dentro dos contextos de normalidade dos negócios da empresa. O caso de um "default" no pagamento de um passivo significa, em primeiro lugar, que a empresa não está mais no contexto de normalidade. Assim, a marca enfrenta dificuldade para ter liquidez isoladamente, como no caso do Mappin, cuja marca foi a leilão. Isoladamente, qual é o valor desse ativo? Nenhum interessado deu o lance mínimo determinado, ainda que existisse grande procura por informações para a participação no leilão.

Capítulo 6

1 Fonte: BrandZ – Pesquisa realizada pela Millward Brown no mundo inteiro com mais de 1 milhão de entrevistados. No Brasil, essa mesma pesquisa é realizada com mais de 12 mil entrevistados, em diversas categorias. Nesse caso específico da Natura, a categoria está em Face Care, Hair Care, desodorantes em públicos masculino e feminino.

2 Uma das maiores restrições a esse modelo é que a premissa pela qual foi demonstrada a fórmula é que existe um mercado perfeito (caracterizado pela ausência de custos de transações – como, por exemplo, impostos – e que haja perfeita simetria de informações e acesso irrestrito ao crédito). Contudo, no mercado financeiro, é um dos modelos mais utilizados para quantificação de uma taxa de desconto. Outro ponto importante é que deve ser da indústria ou do segmento, e não específico de um papel.

3 As alavancas de valor não são excludentes, mas, sim, complementares, tanto que algumas marcas possuem mais destacadamente uma ou outra alavanca. Contudo, em geral, essas três dimensões existem em conjunto em marcas fortes.

4 HARTLEY, Robert. *Marketing mistakes and successes.* Nova Jersey: John Wiley and Soons, 2010, cap. 3: "Starbucks – A Paragon of Growth and Employee Benefits Faces Storm Clouds".

5 MADDEN, Thomas J.; FEHLE, Frank e FOURNIER, Susan. "Brands matter: an empirical demonstration of the creation of shareholder value through branding". *Journal of the Academy of Marketing Science,* 2006, 34: 224-235.

6 KAYO, Eduardo Kazuo. "A estrutura de capital e o risco das empresas tangível e intangível-intensivas: uma contribuição ao estudo da valoração de empresas". São Paulo: FEA/USP, 2002. Tese de doutorado.

7 Em paper publicado na *Harvard Business Review on Brand Management* – 1999, Erich Joachimsthare e David Aaker mencionam que marcas como Body Shop e Häagen Dazs utilizaram estratégias que construíram marcas muito fortes com pouco investimento em mídia.

Capítulo 7

1 Esse exemplo, infelizmente, não considerou o processo de quantificação da força da marca e o risco da marca ilustrado no item 7.2 por questão de foco. Em um processo de avaliação de marcas, seria ideal mensurarmos o processo de quantificação de uma taxa de desconto.

Capítulo 8

1 Realizamos pesquisa de mercado com 23 analistas do mercado de capitais que cobrem o segmento de petróleo (2010).

Bibliografia

AAKER, David. *Building strong brands.* Nova York: Free Press, 1996, pp. 176-178.

ARNOLD, David. *Handbook of brand management.* Hertfordshire: Ashridge Business School, 1992.

CHARRON, Chris; NAIL, Jim; SCHMITT, Eric e MCHARG, Tenley. "What's in store for marketing in 2005? – Forrester Research". *CMO Magazine*, abril de 2005.

COLLINS, Jim. *How the mighty fall: and why some companies never give in.* Nova York: HarperCollins, 2009.

HAIG, Matt. *Brand failures: the truth about the 100 biggest branding mistakes of all time.* Londres: Kogan Page, 2003.

HARTLEY, Robert. *Marketing mistakes and successes.* Nova Jersey: John Wiley and Soons, 2010.

HOLLIS, Nigel. *The global brand.* Hampshire: Palgrave Macmillan, 2008.

HOLT, Douglas. *How brands become icons.* Boston: Harvard Business School Press, 2004.

KAPFERER, Jean-Noël. *As marcas, capital da empresa: criar e desenvolver marcas fortes.* 3. ed. Porto Alegre: Bookman, 2003.

KAPFERER, Jean-Noël. *The new strategic brand management – Creating and sustaining brand equity long term*. 4.ed. Londres: Kogan Page, 2008.

_____. *[Re]inventing the brand – Can top brands survive in new market realities?* Londres: Kogan Page, 2001.

KAYO, Eduardo Kazuo. "A estrutura de capital e o risco das empresas tangível e intangível-intensivas: uma contribuição ao estudo da valoração de empresas". São Paulo: FEA/USP, 2002. Tese de doutorado.

KELLER, Kelvin Lane. *Strategic brand management – Building, measuring and managing brand equity*. Nova Jersey: Prentice Hall, 1998.

KLEIN, Naomi. *Sem logo: a tirania das marcas em um planeta vendido*. Rio de Janeiro: Record, 2002.

LEV, Baruch. *Intangibles: management, measurement, and reporting*. Washington: Brookings, 2001.

MADDEN, Thomas J.; FEHLE, Frank e FOURNIER, Susan. "Brands matter: an empirical demonstration of the creation of shareholder value through branding". *Journal of the Academy of Marketing Science*, 2006.

RIES, Al e RIES, Laura. *The 22 immutable laws of branding: how to build a product or a service into a world-class brand*. Nova York: HarperCollins, 1998.

RIES, Al e TROUT, Jack. *Positioning: the battle for your mind*. Nova York: McGraw-Hill, 2000.

SULLIVAN, Patrick. *Value driven intellectual capital – How to convert intangible assets into corporate value*. Nova Jersey: John Wiley and Soons, 2000.

TYBOUT, Alice e STERNTHAL, Brian. *Kellogg on branding – The marketing faculty of the Kellogg School of Management*. Nova Jersey: John Wiley & Sons, 2005, cap. 1, pp. 11-15.

A Editora Senac Rio de Janeiro publica livros nas áreas de administração e
negócios, beleza e estética, ciências humanas, comunicação e artes,
desenvolvimento social, design, educação, turismo e hotelaria,
gastronomia e enologia, informática,
meio ambiente, moda e saúde.

Visite o site www.rj.senac.br/editora,
escolha os títulos de sua preferência e boa leitura.

Fique atento aos nossos próximos lançamentos!

À venda nas melhores livrarias do país.

Editora Senac Rio de Janeiro
Tel.: (21) 3138-1385 (Comercial)
comercial.editora@rj.senac.br

Disque-Senac: (21) 4002-2002

Este livro foi composto nas tipografias Agaramond e Agenda,
e impresso pela Didática Editora do Brasil Ltda., em papel *offset* 90g/m^2,
para a Editora Senac Rio de Janeiro, em fevereiro de 2013.